I0810871

"En la naturaleza humana, hay algo que anhela la libertad y rechaza el confinamiento. Pero aunque intentamos liberarnos de algo o de alguien, solo descubrimos que no lo logramos. En este punto, donde pensamos que quizá la libertad sea un espejismo, Andy nos ofrece una vía mejor. Con solo leer las primeras diez páginas, querrás seguir por ese camino".

Edward T. Welch, miembro del cuerpo docente de CCEF; psicólogo; autor de éxitos de ventas

"En este libro no encontrarás fórmulas simplistas. Pero si de verdad quieres liberarte de las redes complejas que te atrapan, léelo. La visión penetrante de Andy Farmer y su sabia guía son fruto de su lucha por liberarse de sus propias trampas, y de décadas de dedicarse a ayudar a otros a escapar de las suyas. Te conducirá a la verdad fundamental que te hará libre".

Jon Bloom, autor y cofundador de Desiring God

"La pornografía, el trabajo, un mal matrimonio, los sueños rotos... todos conocemos a alguien que se siente atrapado. Tal vez tú te sientes así. Andy Farmer, que cuenta con más de dos décadas de experiencia demostrada como consejero, utiliza su don personal para 'simplificar lo complejo' y acompaña al lector desde las cadenas de la esclavitud hasta el panorama de la libertad que satisface el alma. Si tú o alguien que conoces necesitan liberación, ¡entre estas páginas les aguardan la ayuda que precisan y una nueva esperanza!".

Dave Harvey, director ejecutivo de Sojourn Network; pastor de predicación, Four Oaks Church; miembro de la junta de CCEF; fundador de AmICalled.com

"Si alguna vez te has visto atascado, atrapado o acorralado, ya sabrás que eso te hace perder toda esperanza. Sencillamente, no sabes qué hacer. Andy Farmer escribió este libro para ayudarte a experimentar la libertad que encuentras en una relación significativa con Jesucristo. Te animo a leerlo y a permitir que Andy te lleve, una y otra vez, a Jesucristo".

Rob Green, pastor de consejería y de ministerios para el seminario, Faith Church, Lafayette, Indiana

"*Atrapados* aborda un problema universal: el de sentirse atrapados en relaciones, en circunstancias o en la vida misma. Como cristianos nos jactamos de la libertad que tenemos en el evangelio, pero aun así nos sentimos atrapados. Ninguno de nosotros es tan libre como le gustaría ser, y muchos de nosotros ni siquiera comprendemos qué es la verdadera libertad. Vivimos como si tuviéramos que liberarnos solos. Usando cinco ejemplos que reflejan trampas habituales, Andy Farmer nos explica exhaustivamente cómo obtener una libertad que no podemos ganar (por medio de nuestros esfuerzos o de otro modo); una libertad que es un don de Dios".

Jack Delk, pastor de consejería, North Campus, Bethlehem Baptist Church, Minneapolis, Minnesota

"Andy Farmer ha escrito un libro muy profundo, ameno y con fundamento bíblico, que aplica el evangelio de la gracia a quienes se han encallado en la vida o se sienten atrapados en ella. Su verdad liberadora proporciona un camino hacia la libertad, señalando a Cristo como nuestro Redentor. Como pastor que anhela ver a personas que lleven vidas transformadas, considero que este libro es un recurso excelente que, sin duda, recomendaré a otros".

Ian Ashby, pastor principal, New Frontiers Church, Portsmouth, New Hampshire; líder regional del noreste, Newfrontiers USA.

"¿Te has sentido atrapado alguna vez y no has sabido qué hacer? *Atrapados*, de Andy Farmer, te ayudará a salir de tu trampa y a encontrar la verdadera libertad en Cristo".

Deepak Reju, pastor de consejería bíblica y de ministerios para la familia, Capitol Hill Baptist Church, Washington, DC; autor de *El pastor y la consejería*

"*Atrapados* es un libro que habla de aquello que nos ata con mucha facilidad, pero, sobre todo, es un recordatorio de que somos libres en Cristo. Nos invita a echar una nueva mirada a la gracia y a la provisión que tenemos para llevar vidas con dominio propio, rectas y santas. Si tienes un mal hábito, una relación perjudicial o un problema aparentemente irresoluble, tienes que leer este libro. Andy Farmer nos señala de nuevo el evangelio, para deshacernos de los ídolos y para correr hacia Cristo y su gracia redentora. Recomiendo este libro a cualquiera que esté atrapado, o a quien tenga que ayudar y restaurar a quienes lo estén".

Garrett Higbee, director ejecutivo, Biblical Soul Care en Harvest Bible Chapel; director ejecutivo, Biblical Counseling Coalition

ATRAPADOS

Cómo liberarse de personas y conductas tóxicas

ANDY FARMER

EDITORIAL
PORTAVOZ

La misión de *Editorial Portavoz* consiste en proporcionar productos de calidad —con integridad y excelencia—, desde una perspectiva bíblica y confiable, que animen a las personas a conocer y servir a Jesucristo.

Traducción: Daniel Menezo

Las cursivas en los versículos bíblicos son énfasis del autor.

EDITORIAL PORTAVOZ
2450 Oak Industrial Drive NE
Grand Rapids, Michigan 49505 USA
Visítenos en: www.portavoz.com

ISBN 978-0-8254-5888-0 (rústica)
ISBN 978-0-8254-6786-8 (Kindle)
ISBN 978-0-8254-7608-2 (epub)

1 2 3 4 5 edición / año 29 28 27 26 25 24 23 22 21 20

Impreso en los Estados Unidos de América
Printed in the United States of America

Dedico este libro a mi esposa Jill,
quien hace treinta y cinco años compartió
conmigo el mensaje de la redención.
Siempre ha sido el mejor ejemplo que he conocido
de un corazón libre para servir al Señor.

CONTENIDO

Agradecimientos 11

Introducción 13

1. PERSONAS REALES EN TRAMPAS REALES 18

2. NO TAN LIBRES COMO QUEREMOS SER 34

3. LA GRAN TRAMPA Y LA REDENCIÓN COLOSAL 47

4 LA AUTÉNTICA LIBERTAD 64

5. LA TRAMPA DE LA APROBACIÓN 80

6. LA TRAMPA DE LA PEREZA 97

7. LA TRAMPA DE LA ESCAPATORIA SECRETA 115

8. LA TRAMPA DE LAS ADICCIONES 133

9. ATRAPADOS EN UN MATRIMONIO PROBLEMÁTICO 152

10. LIBRES EN UN MUNDO LLENO DE TRAMPAS 171

AGRADECIMIENTOS

Quisiera dar las gracias a los pastores y a los miembros de la Covenant Fellowship Church y de la Risen Hope Church por vivir y compartir el amor redentor de Cristo. Me inspiran para tomar lo que veo en ustedes y compartirlo con otros. De eso trata este libro.

Gracias a Barb y a Sue, de New Growth Press, por tener la visión de este libro y llevarme a ofrecer a los lectores su mejor versión.

INTRODUCCIÓN

Cuando era niño, estaba obsesionado con el monstruo de Frankenstein. Todo empezó cuando vi las viejas películas de Boris Karloff en el programa *Monster Movie Matinee*, que hacían los domingos por la tarde en la televisión. Además alimentaba esa obsesión comprando las revistas sobre monstruos, que vendían en la tienda, publicaciones que costaban entre cinco y diez centavos. Las revistas estaban repletas de todos mis monstruos cinematográficos favoritos: no solo Frankenstein, sino también Drácula, el hombre lobo, la criatura de la Laguna Negra y otros. Pero Frankenstein era mi favorito. Recuerdo pasarme horas sentado ante la mesa de mi cuarto, copiando cuidadosamente las fotos de la revista, intentando dibujar a mi monstruo favorito con el mayor grado de horripilantes detalles que me fuera posible.

Una de las cosas que me gustaba cuando estaba despierto de noche en mi cama era organizar planes de escapatoria por si Frankenstein se acercaba un día a mi barrio. Imaginaba que él echaba abajo nuestra puerta principal cuando yo estaba solo en casa. (Nunca me pregunté por qué me perseguía. No tiene sentido especular sobre las motivaciones de una criatura que está viva solo porque la ha alcanzado una tremenda descarga eléctrica). En mis imaginaciones, yo contaba con el tiempo justo para bajar corriendo por las escaleras hasta el sótano, aprovechándome de que el monstruo no conocía la distribución de mi casa tan bien como yo. El otro factor con el que contaba era que Frankenstein no podía correr con mucha agilidad, dado aquellos zapatones que llevaba puestos.

Yo sabía que si algún día me perseguía el hombre lobo, estaría perdido, pero que si contaba con un buen plan de huida, tendría alguna posibilidad de escapar de Frankenstein.

Mi mejor plan era salir corriendo por la puerta del sótano, saltar la valla que daba al jardín de mi vecino y luego dirigirme a toda velocidad al arroyo que fluía al pie de la colina. Desde allí me arrastraría por la entrada del canalón subterráneo que servía de desagüe y saldría por el otro extremo, protegido por los árboles del bosque. Mi imaginación no me llevaba más allá. La clave de mi plan era evitar siempre quedarme atrapado en un lugar del que no hubiera manera de salir.

Recuerdo aquellos tiempos idílicos en los que mi única preocupación era que me atraparan unos monstruos ficticios. Pero, a medida que crecemos, empezamos a darnos cuenta de que hay muchas cosas reales a nuestro alrededor que hacen que nos sintamos atrapados: las presiones y las responsabilidades de la vida; la inquietud por nuestra salud; las pruebas en la familia; las cargas económicas; el temor al terrorismo y a la delincuencia; el proceso de envejecer y cuidar de nuestros padres ancianos; licenciarse de la universidad y descubrir que, en tu campo de estudios, no hay buenas oportunidades laborales. Muchas cosas pueden hacerte sentir así. Sentirse atrapado significa que no vemos la manera de huir o de liberarnos, y que tenemos pocas esperanzas de que algo cambie. Un terapeuta escribe diciendo que los pacientes que se ven atrapados por algún factor de la vida se sienten aplastados por la culpa, la merma de la autoestima, el agotamiento, la desesperanza y la depresión. Se sienten sobreexcitados, dispersos e inútiles. Otra escritora cuenta que las personas a las que ella ha asistido están "atrapadas en un ciclo aparentemente inacabable de caos, crisis o catástrofes".[1]

1. Mark Sichel, "Trapped in America: You Do Have a Choice", *Psychology Today*, 7 de mayo de 2010, en línea, https://www.psychologytoday.com/blog/the-therapist-is-in/201005/trapped-in-america-you-do-have-choice.

Estas son las mismas luchas que detecto en aquellas personas con las que me reúno en mi condición de pastor. Los cristianos que creen en la Biblia, que constituyen mi comunidad primaria, tienen una carga añadida: sienten que le están fallando a Dios. O que Dios les está fallando a ellos. Saben que Él tiene el poder para dar libertad a las personas. Lo han leído en la Biblia; es posible que, en determinados momentos, hayan experimentado una sensación de libertad y de victoria sobre las pruebas. Pero, independientemente de lo que uno crea, la vida es dura, y no es de extrañar que, cuando lo manifiesta, nos sintamos atrapados. Sentir que parte de tu trampa es un problema con Dios contribuye aún más a la sensación de desespero.

El núcleo de este libro es mi convicción: el evangelio no dice que viviremos en un cautiverio eterno, sino en una libertad permanente. Pero esta promesa no es automática, no se produce solo porque digas que tienes fe. Yo imparto muchas sesiones de consejería pastoral, y uno de los problemas más frecuentes que detecto en aquellos a los que aconsejo es que parece que el evangelio se difumina en medio de las trampas y de las pruebas que experimentan. Los cristianos buenos, sólidos y fieles se enfrentan a los problemas de la vida y tienen muy poco conocimiento de en qué sentido el evangelio debe marcar la diferencia.

Hace unos años leí un libro de Jerry Bridges titulado *The Gospel for Real Life* [El evangelio para la vida real]. Bridges lo escribió porque le preocupaba que el cristiano promedio tuviera lo que él llamaba "una visión truncada del evangelio".[2] Una de las cosas que dice en ese libro me ayudó a verlo todo más claro:

> La realidad del pueblo cristiano en nuestros días es que la mayoría de los cristianos profesos conocen muy poco

2. Jerry Bridges, *The Gospel for Real Life* (Colorado Springs, NavPress, 2002), p. 12.

> el evangelio, y mucho menos comprenden sus consecuencias para sus vidas cotidianas. Considero que la mayoría de ellos conocen el evangelio lo bastante como para entrar por las puertas del reino. No saben nada de las insondables riquezas de Cristo.[3]

He visto esta situación en tantas y tantas personas que quise encontrar recursos para ayudarles a aplicar el evangelio a los problemas de su vida cotidiana. Trabajo dentro de una comunidad de creyentes donde prestamos una atención renovada a la centralidad del evangelio en todas las áreas de la vida. Estoy entusiasmado y agradecido por la enorme cantidad de recursos que se enfocan en la vida centrada en el evangelio.

Sin embargo, lo que me costó fue encontrar libros que tomaran lo que Bridges llama "las riquezas del evangelio" (y lo que los teólogos clásicos llaman "nuestra herencia en el evangelio") y aplicaran esos grandes temas a problemas concretos, actuales, los que nos encadenan en la vida. Por lo tanto, esto es lo que intento hacer en este libro. Vivimos en un mundo lleno de trampas y de cadenas; en ocasiones las hemos forjado nosotros mismos y, en otras, escapan a nuestro control. Muchas personas se sienten atrapadas y claman a Dios en busca de libertad. ¿Cómo se aplica el evangelio a esas personas cautivas? ¿A qué victoria de la cruz puede aferrarse una persona atrapada para obtener esperanza y fe, de modo que se desactive la trampa y se rompan las cadenas? ¿Qué tiene el evangelio que nos da libertad? De eso quiero hablar en este libro.

Pero ¿cómo debes leerlo? Bueno, espero que empieces por el principio y avances hasta el final; por eso lo escribí como lo hice. Pero soy realista. Seguramente, has elegido este libro porque el título o el índice abordan alguna inquietud de tu vida. Quizá haya una trampa concreta que te afecte de cerca. Si ves algo así, empieza

3. *Ibíd.*, p. 15.

por ese punto. Si te resulta útil, te invito a leer los cuatro primeros capítulos. Estos te ayudarán a llevar a un nivel más profundo lo que hayas aprendido.

El evangelio es glorioso; es el argumento de la Biblia. Cuanto más veas tu historia en la historia de la Biblia, más apreciarás la grandeza y la bondad de Dios. Y si llegas hasta ese punto en tu lectura, me encantaría que leyeras el resto del libro, porque creo que las personas atrapadas pueden ayudar a otras personas prisioneras. ¿Quién sabe? ¡Quizá lo que leas en estas páginas te ayude a formar parte del proyecto libertador de Dios para otros!

Capítulo 1

PERSONAS REALES EN TRAMPAS REALES

A principios de la década de 1980, me mudé a la zona de Filadelfia. Desde entonces he llegado a amar esta ciudad por su rica cultura y, en ocasiones, por su acelerada historia. Pongamos un ejemplo. En Filadelfia, en una zona que actualmente está muy aburguesada, hay una antigua cárcel abandonada llamada Eastern State Penitentiary. Se trata de una fortaleza con una extensión de once acres, muros de ladrillo y de piedra de diez metros de altura, rodeada de un vecindario que cada vez tiene más pretensiones de ser un mundillo artístico, lleno de residencias urbanas, restaurantes y cafeterías. La prisión se inauguró en 1829 y cerró definitivamente en 1971. Eastern Penitentiary es el lugar donde cumplió condena el famoso gánster Al Capone. Su celda, dotada de las comodidades que fue acumulando, sigue tal como la dejó en 1929.

Esta cárcel tiene importancia histórica debido a su diseño. Se construyó de acuerdo con una filosofía correccional nueva (para aquella época) que recomendaba que los presos estuvieran confinados solos con el propósito de conseguir "la reflexión y la reforma personales". Se pensaba que el aislamiento prolongado era la vía para cultivar "la penitencia" (de aquí viene el término *penitenciaría*). La arquitectura de la cárcel consiste en siete bloques de celdas, de dos pisos cada uno, que parten de forma radial de un edificio administrativo central. Cada piso tiene celdas para una sola persona situadas a ambos lados de un único pasillo. Su diseño neogótico contribuía al tremendo efecto emocional que producía sobre los prisioneros. Hoy día la prisión es un hito histórico nacional, pero sobre todo es famosa por su casa encantada, la del "Terror tras los muros", propia de Halloween.

ATRAPADOS EN LA CÁRCEL DE LA VIDA

Imagina que vamos paseando por un bloque de celdas como las que hay en Eastern State. A ambos lados se abren pequeños cuartos oscuros sellados por pesadas puertas de madera. Pero no estamos hablando de una cárcel física: es la prisión de las luchas humanas. Mientras caminamos por el pasillo, captamos imágenes fugaces de los prisioneros a través de las pequeñas ventanas enrejadas que hay en las puertas de las celdas. En algunas, vemos que los prisioneros trabajan afanosos en pequeños pupitres, como si no supieran que están entre rejas. En otras, vemos cosas más perturbadoras: reos que sollozan inconsolablemente, otros que golpean las paredes con los puños, como retando a sus circunstancias. Algunos ven que nos acercamos y corren hasta la ventanilla, intentando captar nuestra atención, nuestra simpatía, algún contacto humano. Otros permanecen tumbados en sus camastros, con la cara vuelta hacia la pared.

Preguntamos a nuestro guía:

—¿Por qué están aquí estas personas?

—Por diversos motivos. Algunos… bueno, casi parece que vinieron por propia voluntad. Toman una mala decisión tras otra y, al final, aquí es donde acaban. Otros simplemente iban por la vida y les fueron pasando cosas, así que todavía no entienden cómo han llegado hasta aquí. Algunos se han adaptado a las circunstancias; es como si prefirieran quedarse en la celda antes que salir. Otros luchan contra su situación con uñas y dientes, pero un puño no sirve de nada contra el muro de una cárcel. La mayoría se rinde al cabo de un tiempo. Es triste, pero imagino que eso es lo que le hace a una persona pasar la vida metida en una cárcel.

Esta ilustración introductoria no es muy agradable, pero explica el motivo por el que escribo este libro. Como soy pastor y consejero, paso buena parte de mi ministerio en las celdas carcelarias de la necesidad humana. Las personas que conozco se encuentran a menudo atrapadas en cosas que los consejos prácticos no pueden resolver. Normalmente se las arreglan para vivir, pero no siempre lo consiguen. Los problemas son distintos, pero la experiencia es bastante semejante. Las personas acuden a verme porque se sienten atrapadas en algo y no logran escapar. Se sienten atrapadas en problemas, patrones de conducta o relaciones que controlan sus vidas. Usan palabras como "atascado", "atado" y "encadenado" para definir cómo se sienten en su vida. Están sujetas por cadenas, encerradas entre muros o prisioneras en jaulas. Y sí, hablan como si fueran prisioneras de sus propias vidas, sin esperanza.

Quiero llevarte de excursión por esta experiencia de la cárcel tal como yo la veo. Pasaremos por celdas donde hay personas atrapadas en una lucha que define sus vidas. Algunas te resultarán muy familiares, otras no. Hay muchísimas más celdas de pruebas humanas de las que tendremos tiempo de visitar, pero he elegido algunas porque son muy habituales en nuestro mundo actual. Quizá conozcamos el desespero que experimenta el prisionero de una de esas celdas debido a nuestra propia experiencia o a la de alguien que nos es cercano. Quizá te veas representado en una de esas trampas. A lo mejor tu trampa es distinta, pero, como sucede con la monotonía redundante de celda tras celda dentro de una cárcel, ves en tu trampa las mismas cosas que observas en alguna de las otras.

La buena noticia es que no vamos a dejar a esos prisioneros en su confinamiento solitario. El objetivo de este libro es alcanzar la libertad. Cuando acabemos esta visita guiada, hablaremos de la verdad que supone una diferencia liberadora para las prisiones que nos encierran en esta vida.

LA TRAMPA DE LA APROBACIÓN

La residente de la primera celda a la que llegamos es Elena. Se ha visto encerrada en la trampa de la aprobación. Creció en un hogar donde se valoraba mucho el rendimiento. La identidad de sus padres se basaba en el éxito académico; quisieron que sus hijos valoraran la educación. Elena, al ser la hija menor, soportó la carga adicional de tener dos hermanos mayores que siguieron los pasos de la familia, sacando calificaciones altas y teniendo éxito en los estudios. Pero Elena no era igual. Tenía una mente artística y, a ojos de sus padres, eso significaba que no iba a tener éxito. Ella anhelaba su aprobación, pero ellos solo se la daban cuando hacía algo destacable en el colegio. Cuando llegó a la adolescencia, dejaron de importarle los estudios. Elena estaba resentida con su familia porque no lograba obtener éxitos que a ellos les parecieran importantes. Buscó una "familia" distinta en el centro de estudios, un grupo que la aceptara tal como era ella.

Lo encontró en los chicos y las chicas "marginales", un grupo variopinto de adolescentes cuyo denominador común era que se sentían fracasados en la escuela e invisibles en sus hogares. Por primera vez, Elena se sintió libre de los estándares de su familia y liberada para ser lo que quería ser. Empezó a cambiar: a vestirse de forma distinta, a escuchar una música particular, a asistir a lugares poco habituales para otros. Los conflictos con sus padres se convirtieron en la pauta de su vida, lo cual solo contribuyó a empujarla aún más hacia su nuevo mundo de libertad.

No obstante, esa libertad tenía un precio. Incluso la zona marginal tenía estándares de conducta definidos para quien quería encajar en ella. Entre ellos se contaba el consumo de drogas y, en el caso de las chicas, exigía que participaran en actividades sexuales con una sola pareja o con varias sucesivas. Para ser aceptada, Elena hizo todo lo que le pidieron.

Abandonó la secundaria, pero obtuvo su graduado porque sus padres la amenazaron con echarla de casa si no lo hacía. Cuando su grupo superó la época de la escuela, empezó a fragmentarse. A esas alturas, Elena estaba inmersa en una relación sentimental con un hombre que conoció en una fiesta. "Yo sabía que él no valía la pena, pero estaba allí, y eso era mejor que estar sola. Eso fue hasta que él empezó a beber cada vez más, y su ira afloró al exterior. Tenía una gran habilidad para manipular mis sentimientos. Usaba la culpa y las amenazas para conseguir que yo siguiera dependiendo de él. Y, si alguna vez le comentaba la posibilidad de dejarlo, cambiaba por completo su actitud, diciéndome lo mucho que me quería y que no podía vivir sin mí. Eso solo conseguía que yo volviera a estar en sus manos. Esto pasó una y otra vez. Hasta que encontró a una mujer que ganaba más dinero que yo. Entonces se marchó sin siquiera decirme adiós".

Eso fue hace ocho años. Seguro esperas que Elena haya aprendido la lección y sepa cómo eludir a los individuos nocivos. No es así. Según parece, su vida rebota de una mala relación a otra. Cuando se junta con amantes del rock, se vuelve fan de la banda a la que sigue. Cuando se enamora de un artista, se mete en pintura. En cierta ocasión tuvo una pareja intelectual. Cuando su relación acabó seis meses después, Elena tenía una biblioteca llena de libros que nunca iba a leer y un vocabulario filosófico que no volvió a utilizar. Elena es una mujer de treinta años con toda una vida de experiencias, pero sin una identidad que la demuestre. Lo que anhela es la libertad para ser quien es, más allá de las expectativas y las exigencias de otros.

LA TRAMPA DE LA PEREZA

Andrés está aprisionado en la trampa de la pereza. Siempre ha sido un hombre que cae bien a otros. En cierto sentido, es el amigo ideal. No pide grandes cosas, está dispuesto a seguirle la corriente al grupo, nunca discute. Lo que no conviene es depender de él para que haga algo que hay que hacer en un plazo determinado o de una manera concreta. Es posible que Andrés acabe cumpliendo, pero más vale que no tengas muchas expectativas.

Andrés es especialista en postergar cosas. Hace planes e incluso anota cosas en su calendario. Pero si depende de él hacer algo, inevitablemente lo hará en el último minuto y a toda prisa, en una especie de explosión de actividad frenética. Dice que cuando trabaja mejor es cuando está sometido a presión, pero quienes lo rodean no estarían de acuerdo. Y es que, cuando Andrés está bajo presión, no es una persona agradable. El Andrés tolerante se convierte en el Andrés irritable. Espera que todos los que lo rodean se adapten a su velocidad y, cuando alguien no está de acuerdo, se enfada. Si alguna vez no consigue hacer las cosas a tiempo, siempre dice que la culpa no es suya: surgió un problema que no previó (pero que debió prever), o algún otro metió la pata.

La pereza y los compromisos incumplidos se han convertido en un elemento tan frecuente en su vida que sus amigos ni siquiera le reprochan su conducta. A veces dice que lo siente, pero a ellos nunca les da la sensación de que entienda cómo afecta a los demás su falta de palabra. Según parece, él sigue con su vida, y punto. Sus amigos emplean una frase típica: "Andrés es así, no puedes más que quererlo. ¡Ojalá pudiéramos fiarnos de él!". Sin embargo, cuando está a solas, Andrés se da cuenta de que es perezoso. "No quiero ser así. Me siento un fracasado. Mi jefe dice que tengo la posibilidad de ascender en mi trabajo si le pongo esfuerzo, pero me limito a hacer lo justo. Tengo un montón de ideas que quiero poner en práctica, pero eso es todo lo que son: sueños en las nubes que nunca se harán realidad. Las personas creen que este tema no me preocupa, pero no es así. ¡Es que cambiar es demasiado difícil! Bromeo con esta cuestión de ser perezoso, diciendo lo estupendo que es verse libre de preocupaciones en esta vida. Pero desperdiciar la vida no es vivir; solo es acostumbrarse a estar atascado".

LA TRAMPA DE LA DISFUNCIÓN ALIMENTARIA

Si son las seis de la mañana, ya sabes dónde encontrar a María. Cada mañana, religiosamente, está en el gimnasio, incluso los fines de semana. Es una fanática de la cinta continua. Otros asistentes habituales al gimnasio le preguntan cómo lo hace, cómo logra mantener ese ritmo. Ella les contesta que todo es cuestión de ejercicio. Una carrera de diez kilómetros por aquí, una competición ciclista por allá... ¡hay que estar en forma! El detalle es que María no ha participado en una carrera ni una sola vez en toda su vida.

En el lugar de trabajo, a todos les gusta reunirse en la cocina. Es el momento de relacionarse, el lugar donde los empleados comentan las noticias, hablan de las vacaciones, cosas así. María suele hacer acto de presencia a las doce. Si la ves, siempre está sonriente y, cuando pasa de camino hacia el refrigerador, siempre tiene algún comentario gracioso para hacerle a quien está esperando junto al microondas.

—Eh, María, tenemos pizza que ha sobrado de la reunión de hoy. ¡Ven a comer un poco!

—Gracias, chicos —responde ella, educadamente—. Me encanta la pizza, pero es que el próximo fin de semana hay una competición, así que me he preparado algunos alimentos proteínicos.

—Bueno, pero siéntate con nosotros. Estamos hablando de nuestros programas de televisión favoritos.

María mira el asiento vacío junto a la mesa y luego contempla su pequeña fiambrera *Tupperware.*

—No, gracias. La verdad es que hoy llevo un poco de retraso. Voy a tener que almorzar mientras trabajo.

Mientras suelta una risa cordial, sale de la cocina y vuelve a su despacho, donde cierra la puerta, abre la fiambrera y arroja el contenido a la papelera. Así todos los días.

Desde el mismo momento en que se sube a su coche al final del día, María solo tiene una cosa en mente: pastel de chocolate con doble glaseado. Se le ha acabado el preparado para pastel, así que va al supermercado y compra cinco paquetes, además de varias latas de glaseado. Ya de vuelta en su apartamento, hace una pausa para dar de comer al gato y luego se pone la ropa de estar por casa: un chándal holgado, que saca de un cajón lleno de chándales holgados. Justo antes de ponérselo, se sube a la báscula digital. No le gusta la cifra que ve en ella. Por primera vez en todo el día, su expresión perpetuamente alegre se convierte en una mueca de rabia. Se acerca al espejo de cuerpo entero para evaluar los daños. Las personas le dicen que está demasiado delgada, pero quien le devuelve la mirada es una masa repulsiva de grasa deforme y de exceso de peso. No soporta verla, pero aun así es incapaz de apartar la vista. Al cabo de unos instantes, se pellizca con fuerza en la pierna, un ritual cotidiano que, de alguna manera, la hace salir del trance en el que cae delante del espejo.

En la cocina, prepara el pastel en silencio. Ha preparado tantos pasteles de chocolate con doble glaseado que podría hacerlo hasta dormida. Mientras se hornea, ella navega por Internet, siempre mirando páginas de moda y esas modelos delgadas, pero atractivas, a las que parece que les queda bien cualquier prenda que se pongan.

El pastel ya está listo. Lo único que necesita ahora es una cuchara y el control remoto. María se sienta delante de su pantalla plana con la única comida que tomará durante el día. Al cabo de una hora, se habrá comido todo un pastel de chocolate. Al cabo de una hora y media, habrá expulsado la mayor parte en el lavabo. Al cabo de dos horas estará en la cama, intentando esconder la vergüenza nocturna bajo un edredón de plumas.

Mañana será otro día. Le gustaría verse libre del desprecio por sí misma, pero sabe lo que verá mañana en el espejo. Y el espejo nunca miente. Así es la vida de María. Está atrapada en una disfunción alimentaria y cree que esa cárcel es justo donde debe estar.

LA TRAMPA DE LA PORNOGRAFÍA

Esteban paseó la mirada por la sala, contemplando a los otros hombres que componían el círculo. Eran los hombres más comunes y corrientes que pudiera imaginarse. Tipos con pantalones tejanos, con trajes, con barba, con tatuajes, con camisas polo, con gorras de béisbol, con la cabeza rapada. Y ahí estaba él… otra vez.

Carlos, el líder del grupo, da comienzo a la reunión.

—¿Cómo les va? ¿Alguien ha tenido problemas esta semana?

Esa es la frase que esperaba Esteban. Ya conoce el ritual.

—Anoche eché todo a perder. Mi esposa se llevó a los niños fuera el fin de semana, para ver a la abuela. Le dije dónde estaría yo durante todo el tiempo que ella estuviera fuera. Le prometí que solo leería y me iría a dormir. Tenía a mano a los amigos que componen el grupo ante el que rindo cuentas; solo tenía que enviarles un mensaje de texto. Pero supongo que eso no fue suficiente.

Todos los ojos se vuelven hacia Esteban.

—¿Qué pasó? —pregunta Carlos.

—Estaba sentado en mi porche, leyendo, y vi a una mujer paseando a su perro. Estaba bastante lejos, pero desde la distancia me recordó a una chica con la que yo solía salir. Empecé a pensar en ella y en aquellos tiempos. Si me preguntan ahora, les puedo decir lo mala que fue realmente aquella relación. Pero justo entonces, lo único que pude pensar es en lo bien que me sentía en aquel tiempo, sin hijos, sin responsabilidades, sin una esposa decepcionada. Solo pasión y rupturas. Supe que estaba avanzando por un camino equivocado, pero no pude menos que preguntarme: *¿Dónde estará ella ahora?* Así que fui a Facebook y la busqué. La mayor parte de su información es privada, pero accedí a un par de sus fotos. No estaba nada mal para haber pasado veinte años. Pero entonces pensé: *¡Basta ya! Estoy demasiado cerca de la frontera.*

—¿Y entonces?

—¿Saben esos pequeños anuncios que salen en la barra lateral de Facebook? No sé por qué, pero yo no había bloqueado el acceso, y apareció uno de ellos, ya saben de qué se tratan. Yo estaba usando mi celular, de modo que no pude ver mucho, pero la chica en la foto… bueno, no me pude resistir. Cliqué sobre ella. Apenas me di cuenta, había pasado a un link y luego a otro. Estaba perdido. Fue como si estuviera en mi pequeño mundo propio… otra vez. Cuando cerré la sesión, debieron de haber pasado unas cuatro horas.

Javier interviene en la conversación:

—¿Y tus llamadas de socorro? ¿No pensaste en llamar a alguien?

—Sí, claro. Pensé: *Estoy a un solo clic de escapar de esto.* Pero no pude hacerlo. Lo más patético es que, durante ese tiempo, recibí dos llamadas. Una era de mi esposa, y no quise contestarle. La otra era de Tom, mi supervisor. Me pareció increíble que me llamara. No quise responder. Luego me dije: *Ahora sí que he metido la pata a lo grande. ¿Qué sentido tiene volver atrás?* Así que seguí adelante. Pero ya no me resultaba excitante. Me sentí casi como… bueno, como si tuviera que ceder a mis impulsos, a mi deseo, ya saben lo que quiero decir.

"Así que aquí estoy. Más culpa. Una esposa que está disgustada conmigo y que no me deja solo en casa ni para ir a la tienda. Y todas esas imágenes que flotan por mi mente, que acuden a ella cuando estoy durmiendo, o en el trabajo o en la iglesia. Y tengo que venir aquí y hablarlo todo con ustedes. Es humillante. Estoy atrapado en la pornografía y ya ni siquiera sé si quiero salir de ella".

Todas las miradas de los asistentes en el círculo se clavan en el suelo. Es una historia que les resulta demasiado familiar.

LA TRAMPA DEL ABUSO DE SUSTANCIAS

Querida Juana:

Espero que tú y tu familia estén bien. Te escribo para decirte que Lorena ha vuelto a ingresar en rehabilitación. Si te soy sincera, pensábamos que la última vez había sido la definitiva. Cuando salió era muy parecida a como había sido antes. Le conseguimos un trabajo como camarera en el restaurante de Bruno. No era gran cosa, pero su historial de empleos no es muy brillante. Daba la sensación de que le emocionaba ir a trabajar, y volvía a casa con propinas bastante buenas. Volvió a inscribirse en la universidad, nos dijo que podría ir a estudiar durante el día y trabajar por las noches. Nos preocupó pensar que el trabajo en el bar fuera demasiado exigente, pero ella se mostró tan positiva que no quisimos aguar su entusiasmo.

Esa fue la situación durante un par de meses. Luego empezamos a detectar los mismos detalles de siempre, de cuando consumía. Nos dimos cuenta de que, después de una noche de trabajo, dormía mucho y se perdía las clases. Por supuesto, le preguntamos si todo iba bien y, claro está, ella nos decía que sí, que genial, que solo estaba cansada y estresada por el trabajo y los estudios. Empezó a fumar otra vez; eso nunca es buena señal. Nos empezamos a preocupar en serio cuando comenzó a recibir muchos mensajes de texto y llamadas durante los fines de semana. Siempre decía que eran amigos del trabajo. Nunca habló con nadie delante de nosotros; se levantaba y se iba a otro cuarto. A veces, cuando salía, nos contaba que era alguien con problemas que quería hablar con ella y se marchaba sin decirnos adónde iba.

Empezó a robarnos dinero. Hace un par de semanas, lo hablé con ella. Le pregunté si estaba consumiendo drogas otra vez y si me había quitado dinero. Se puso muy a la defensiva y me acusó de estar paranoica y de juzgarla. Normalmente me habría acobardado, pero en esa ocasión me mantuve firme. Le dije que no confiaba en ella, y que ese era el tipo de cosas que hacía cuando estaba consumiendo drogas. Le dije que me demostrara que no era así. Ella se limitó a insultarme, se dio la vuelta en la cama y se negó a seguir hablando.

Pensé que ya estábamos avanzando otra vez por ese camino terrible, cuando uno no sabe si va a recibir una llamada de la policía para decirnos que su hija ha muerto por sobredosis. Pero el destino intervino. Ella se durmió una de las veces que tenía que verse con su agente de libertad vigilada y, cuando le hicieron un análisis de sangre, descubrieron drogas en su organismo. No soporto ver cómo vuelve a tener problemas, pero creo que es preferible que pase un tiempo en la cárcel y luego en rehabilitación, a que caiga en ese agujero que está cavando para sí misma.

Recuerdo que una vez dijiste que orabas a Dios. No soy una persona espiritual, pero te agradecería que oraras por Lorena. Y, si te acuerdas, ora también por mí.

Ana

ATRAPADOS EN UN MATRIMONIO PROBLEMÁTICO

Miguel:

No sé qué le ha pasado.

Tatiana:

No sé qué le ha pasado.

Miguel:

Antes de casarnos, ella hacía deporte y se mantenía en forma. Yo me daba cuenta de que, cuando salíamos, las personas la miraban, y algunas cabezas se volvían para verla pasar. Me enorgullecía ir con ella. Ahora no parece que le importe el aspecto que tiene. No se maquilla, se viste con ropa poco elegante, nunca se arregla el cabello. Es como si todo le diera igual.

Tatiana:

Antes de casarnos solíamos dar largos paseos y charlar. Me daba la sensación de que le podía contar cualquier cosa. Ahora, cuando vuelve del trabajo, lo primero que hace es encender el televisor. Cuando no está viendo los deportes, está con la computadora portátil o con el teléfono celular. Siento que, si quiero hacerle una pregunta, tengo que pedirle cita previa. No sé cuál fue la última vez que me miró a los ojos. Es como si nada le importara.

Miguel:

Lo único que le interesa es ir de compras. Cada vez que llego a casa, me encuentro alguna cosa nueva, algún objeto innecesario que compró por Internet porque lo vio en uno de esos programas de decoración que se pasa el día viendo. Para ella, comprar es como una droga; nunca tiene bastante. Cuando intento que se ajuste a nuestro presupuesto, se echa a reír. En este matrimonio, lo único que soy es un cajero automático.

Tatiana:

Lo único que le interesa es el trabajo. Cuando me levanto por la mañana, él ya se ha ido, a pesar de que sé que no tiene que llegar al trabajo hasta las nueve. Me sorprendo si vuelve a casa antes de las siete. Espera tener la cena en cuanto llega y se la come delante del televisor. Puedo estar segura de que los fines de semana girarán en torno a su trabajo. Si empezamos a hacer algo juntos, y recibe una llamada, ya sé que el resto del día no puedo contar con él. En este matrimonio, lo único que soy es una gestora de bienes materiales.

Miguel:

Y cuando se enoja, ¡ay!, ¡sí que sabe gritar! Los vecinos creen que estamos locos. Cuando discutimos, es capaz de decir cualquier cosa y luego no se acuerda. Lo que realmente me fastidia es que, si en la mitad de una discusión suena el teléfono, responde con voz dulce y agradable y, en cuanto cuelga, ¡ataca de nuevo! Con ella es como estar en la guerra. Y siempre necesita ganar.

Tatiana:

No me gusta discutir, pero a veces es la única manera de llegar hasta él. Hace algo desagradable o critica algo que he hecho y, cuando reacciono, se me queda mirando como si estuviera loca y se limita a decir: "¿Qué?". Intento decirle qué es lo que ha hecho, y él empieza la discusión. Empieza a disparar un argumento tras otro, como si estuviera en el trabajo. Nunca admite que está equivocado, ¡jamás! Para él es como una competición. Y siempre necesita ganar.

Miguel y Tatiana:

Siempre soñé con casarme con alguien con quien edificar mi vida. ¿Cómo hemos llegado a esto? Me siento atrapado/a y no sé cómo salir de esta situación.

ATRAPADO ENTRE DOS MUNDOS

William es uno de esos hombres de quien se dice: "Este nació con un pan debajo del brazo". Su familia vive en una gran casa situada en el mejor barrio de la ciudad. William procede de un linaje poderoso. Creció rodeado de todos los accesorios propios de los privilegiados: una escuela privada, la aceptación social, las mejores ventajas. Pero también ha experimentado algunos de los perjuicios de ser adinerado. Se despierta cada día para enfrentarse a las expectativas de personas a las que ni siquiera conoce. No puede ser solo bueno; tiene que ser el mejor. En todo.

William procede de una familia que asistía regularmente a la iglesia. Pensaban que ser religioso consistía, principalmente, en un deber que se esperaba de los miembros de la clase alta. Pero a William le pasó algo inesperado: se encontró con algunas personas que parecían tener una fe auténtica, que trascendía la religión. Se hacían llamar "cristianos". Él llegó a considerarse uno de ellos. Para William, la religión dejó de ser una obligación y empezó a ser una forma de vida.

Después de licenciarse en la universidad, entró en el negocio familiar, como se esperaba de él. Pero William, el cristiano, luchaba en todo momento con cómo vivir su fe en un mundo que parecía quitarle importancia al cristianismo o, directamente, ignorarlo. Hoy sigue viviendo entre dos mundos. Ambos exigen su lealtad, lo mejor de su tiempo, su corazón. No sabe cómo moverse entre los dos, cómo tener éxito en uno sin poner en peligro el otro. Cada decisión es un dilema moral. ¿Debo firmar ese acuerdo, debo asistir a esa fiesta? ¿Puedo forjar una amistad con esas personas?

En ocasiones lucha con la culpa, al pensar en lo mucho que tiene él y en todo lo que les falta a otros. Además, lleva una tremenda carga por su familia, cuyos miembros piensan que está loco y esperan que lo que está viviendo solo sea una fase religiosa. ¿Serían más fáciles las cosas si entrara en algún tipo de ministerio? Al menos así no se sentiría tan partido en dos. Espera marcar una diferencia en ambos mundos, pero muy a menudo se siente un fracasado y un hipócrita. ¿Ama demasiado a este mundo? ¿Piensa tanto en las cosas celestiales que no sirve de nada en esta Tierra? A veces le gustaría encontrar una escapatoria de la trampa que es vivir entre este mundo y el que está más allá.

NECESITAMOS AYUDA PARA LIBERARNOS

Estas historias que hemos visto son de personas reales, aunque he cambiado los detalles cuando ha sido necesario para mantener su anonimato. En cierto sentido, están formados por diversas piezas: en más de una de las historias hay una parte de mí. Imagino que de ti también. En la segunda mitad del libro, volveremos a tocar estos relatos. Hablando en términos metafóricos, entraremos en cada celda y veremos más de cerca cómo es estar en ella y cómo han llegado a estar allí sus ocupantes.

Tú y yo queremos salir de las trampas, pero no sabemos cómo hacerlo. La buena noticia es que, para cada persona atrapada en una trampa, hay esperanzas de libertad. Hay vida más allá de las puertas de la cárcel. Y tú puedes acceder a ella.

Sin embargo, primero tenemos que hablar de la historia de un hombre, una caja y la búsqueda de la libertad.

Capítulo 2

NO TAN LIBRES COMO QUEREMOS SER

Dan, el repartidor aficionado al whisky, salió por la puerta del número 107 de N. Fifth Street, Filadelfia, un bloque de oficinas hecho de ladrillo situado a unos cuatro kilómetros de Eastern Penitentiary. Llevaba en la mano dinero suficiente como para pasar un buen rato en el bar local. Era una cantidad considerablemente superior a la que esperaba y solo por entregar una caja a unas cuantas cuadras calle abajo. Aún era temprano por la mañana, pero ese día ya había concluido un buen trabajo.

Cuando la puerta se cerró a sus espaldas, los cuatro hombres que había dentro de la oficina volvieron la vista hacia la caja que había dejado Dan. Se miraron unos a otros, nerviosos y con expectación, y luego volvieron a mirar la caja. Uno de ellos hizo algo que hubiera hecho pensar a Whisky Dan que necesitaba de verdad una copa. Dando unos golpecitos con el puño en la tapa de la caja, se dirigió a ella diciendo:

—¿Todo bien ahí dentro?

Del interior de la caja, surgió una respuesta amortiguada:

—Todo bien.

Los cuatro hombres se pusieron a trabajar animadamente en la caja, abriéndola para revelar a un hombre, un varón de raza negra, empapado de sudor y medio trastornado. Mientras salía vacilante de la caja, aquel hombre extendió la mano hacia sus libertadores, que lo observaban boquiabiertos.

"¿Cómo están ustedes, caballeros?".

Era un día de finales de marzo de 1849. Dos días antes, un esclavo de Virginia llamado Henry Brown, con la ayuda de un par de simpatizantes abolicionistas, se había encerrado él mismo en una caja de embalar de 70 centímetros de largo, 90 de ancho y unos 70 de fondo. La caja de madera llevaba una etiqueta donde decía "material textil", y había sido enviada al almacén de la Adams Express Company en Filadelfia. Henry Brown, que medía 1,73 metros y pesaba 91 kilos, se encajó dentro del embalaje junto con una cantimplora con agua y unas cuantas galletas. Luego cerraron la tapa con clavos.

El viaje de 400 kilómetros desde Richmond hasta Filadelfia duró veintiséis horas, y el cajón fue transportado en carro, tren, barco de vapor y ferry. En determinado momento, la caja, que llevaba escrito en un lateral el aviso "Este lado hacia arriba. Frágil", fue arrojada de cualquier manera y cayó boca abajo, haciendo que el esclavo fugitivo estuviera cabeza abajo durante varias horas. Durante una de las numerosas pausas del viaje, dos transportistas empezaron a especular qué podría contener aquella caja. Henry se inquietó mucho por la posibilidad de que los operarios husmearan la caja y lo descubrieran, pero se tranquilizó cuando decidieron que seguramente contenía cartas del correo. El verdadero contenido de la caja prosiguió, sin ser detectado, por la ruta de entrega establecida.

Si hubieran descubierto a Henry Brown, lo habrían tratado como a un esclavo fugitivo: lo hubieran devuelto encadenado a su amo, que le habría dado una tremenda paliza en público y que quizá lo habría ejecutado como ejemplo para otros esclavos. E incluso, si no lo hubieran descubierto, era probable que el viaje acabara con su vida. ¿Por qué iba alguien a meterse en una caja de madera que solo tenía una rendija en un extremo para permitir el paso del aire, sin estar seguro de que algún día saldría de ella?

La respuesta es una sola palabra: libertad.

Henry "Cajón" Brown estaba atrapado en la maligna trampa de la esclavitud. Nada de lo que le rodeaba era suyo. Sus bienes, su hogar, su cuerpo, sus relaciones, sus talentos, sus decisiones eran propiedad de otra persona. Había nacido en la esclavitud y no conocía otra existencia. Aunque Henry veía la libertad a su alrededor, al ver cómo vivían los blancos, no se hacía ilusiones: sabía que él no era más que un esclavo. Sabía lo que se siente al ser tratado y vendido como una propiedad; había visto lo que le sucedía a quienes no se sometían al puño tiránico de la esclavitud institucionalizada. Por último, cuando vio cómo su esposa y sus hijos fueron vendidos y trasladados a una plantación lejana, dentro de Henry Brown algo se rompió. Lo único que ya podía quitarle la esclavitud era su vida, y decidió que se la jugaría con la esperanza de alcanzar la libertad.

La atroz institución de la esclavitud es una mancha imborrable en nuestra identidad nacional que nunca podremos eliminar. En su sentido humano más profundo, la decisión desesperada de Henry Brown, arriesgarlo todo por la libertad, resulta insondable para una persona como yo, que solo ha conocido el privilegio de una sociedad libre. Sin embargo, en el mundo que nos rodea, las personas llegan a extremos inimaginables y a menudo letales para huir de países devastados por la guerra, las persecuciones y una pobreza extrema. Se apelotonan en barcos podridos, se abren camino por fronteras sembradas de minas y abandonan todos sus bienes materiales a cambio de la remota esperanza de que, al final, encontrarán la libertad. ¿Qué tiene la libertad que incite a semejante decisión inquebrantable? ¿Cuánto arriesgarías por tu libertad?

Es posible que esta sea una pregunta que no podamos formular en nuestra cultura occidental. Estados Unidos se fundó como un país constitucionalmente libre. Integrada en nuestra historia está la resolución de "Vivir libres o morir", como declara el lema estatal de New Hampshire. Como el grito de batalla de Patrick Henry: "¡Denme la libertad o denme la muerte!", nuestros antepasados lo arriesgaron todo para declarar su derecho a la libertad y al autogobierno. No podemos restar importancia a que hiciera falta una trágica guerra civil para que esa libertad se extendiera legalmente a todos los estadounidenses. Pero ese "proyecto de libertad" llamado Estados Unidos sigue avanzando a trompicones, incluso en nuestros días.

Sin embargo, ¿hasta qué punto somos libres? A primera vista, la respuesta es evidente. Somos las personas más libres en toda la historia de la civilización. Como ciudadanos, tenemos más movilidad, más capacidad de adquirir las cosas que necesitamos y queremos, más acceso a la información y al conocimiento, más libertades civiles que protegen lo que decimos y lo que hacemos, más capacidad de aprovechar al máximo nuestras vidas, de las que pudiera imaginar cualquier otra persona en cualquier otra época de la historia.

No obstante, también está claro que no todos los habitantes de Estados Unidos han tenido esta experiencia de la libertad. Gallup realiza una encuesta internacional anual[1] que investiga la percepción de la libertad en diversos países. En respuesta a la pregunta: "En este país, ¿está usted satisfecho o insatisfecho con su libertad para elegir qué hacer con su vida?", la encuesta de julio de 2014 situó a Estados Unidos en el lugar trigésimo sexto de los ciento veinte países encuestados. La "tierra de los libres" estuvo por detrás de países como Suecia y Holanda, y también (y a una distancia considerable) de países que parecen mucho más restrictivos, como Camboya, Emiratos Árabes Unidos y Uzbekistán.

1. John Clifton, "Americans Less Satisfied with Freedom", *Gallup*, 1 de julio de 2014, en línea: http://www.gallup.com/poll/172019/americans-less-satisfied-freedom.aspx.

Por tanto, quizá no seamos tan libres como nos gustaría ser. Resulta sencillo encontrar motivos para esta insatisfacción con nuestra libertad garantizada por la constitución: la desigualdad económica y social, la ineptitud gubernamental, las políticas partidistas, la creciente desconfianza en las instituciones socioeconómicas tradicionales, la reducción del poder adquisitivo. Desde el 11-S hemos venido debatiendo colectivamente a cuánta libertad estamos dispuestos a renunciar a cambio de la seguridad. Pero, en nuestro sentido de la libertad menguante, también intervienen factores que no son sociopolíticos.

El propio ritmo de la vida puede producir la sensación de ser una trampa. Ya conoces esa sensación. ¿Por qué no nos despertamos por las mañanas dominados por un entusiasmo ilimitado por las inacabables posibilidades que tenemos de ejercer nuestra libertad y que nos aguardan en el día que se abre ante nosotros? Quizá sea porque la mayoría de nosotros, durante esos primeros instantes del día, cuando aún nos pesan los ojos de sueño, ya estamos recibiendo una lista de "cosas que hacer" y "cosas que ser", que redacta nuestro director interno. Incluso antes de haber apartado las sábanas, ya hemos agarrado nuestro teléfono inteligente, para tragarnos todas las nuevas exigencias que nos llegan por medio del correo electrónico, los mensajes de texto y los medios sociales, y nos hemos echado encima las cargas del mundo gracias a las páginas de noticias y de Twitter. Para rematar la diversión, sacamos el calendario para echar un vistazo a la programación imposible de actividades que hemos reservado para ese día. Antes de lavarnos la cara para despejar el sueño de nuestros ojos, estamos atados por nuevas cadenas de responsabilidad y por exigencias que arrastraremos a lo largo de otro día ajetreado y estresante. Esta es la vida normal, y parece de todo menos libre. Y no sabemos cómo librarnos del ajetreo. Tal como ha dicho la escritora en línea Rachael Dymski: "Estar ocupado proporciona una sensación engañosamente capacitadora. Los estadounidenses la hemos convertido, al menos en la práctica, en una de nuestras mayores virtudes como nación: la vida, la libertad y la búsqueda de las tareas incesantes. Llevamos nuestro ajetreo como una 'gran carga'; proclamamos con nuestros labios que queremos librarnos de ella, mientras nuestras manos se afanan desesperadas por mantenerla cerca y a la vista".[2]

Y luego tenemos esos problemas propios de la vida que parecen trampas para ratones. Los amigos a los que conocimos en el capítulo anterior anhelan cierto tipo de libertad. Es posible que no sepan exactamente qué aspecto tiene, pero no les gusta donde se encuentran. Quizá se sientan indefensos, pero seguro que les encantaría reiniciar la vida con un nuevo sistema operativo. Si les dijeras que veinticuatro horas metidos en un cajón los liberarían de su trampa, seguramente la mayoría estaría de acuerdo en aceptar tu propuesta. La pregunta es: ¿qué se interpone entre nuestras trampas y nuestra libertad?

NO COMPRENDEMOS NUESTRAS TRAMPAS

Algunos de nosotros tenemos la experiencia intensa de estar atrapados en la vida; hay palabras como "cadenas", "muros", "cárceles", "opresión" e incluso "esclavitud" que son maneras bastante precisas de definir aquello con lo que nos enfrentamos. En capítulos posteriores trataremos algunos de estos temas (las adicciones que controlan la vida, la lascivia permanente, los matrimonios asfixiantes), pero estas son solo algunas de las trampas con las que vive la gente todos los días. Podemos vernos atrapados en la ruina económica, en la enfermedad física, en empleos sin posibilidad de ascenso, en las consecuencias de malas decisiones, en la victimización o la

2. Rachael Dymski, "The Busy Trap", *Relevant Magazine*, 26 de marzo de 2013, en línea: http://www.relevantmagazine.com/life/whole-life/busy-trap #Hgi6SZD5vzo5LOeb.99.

indiferencia por parte de otros, en cajones raciales, étnicos, del género o de la edad, que otros han construido para nosotros. Pero es posible que no comprendamos nuestras trampas como debiéramos.

A veces nos sentimos atrapados, pero no sabemos qué nos mantiene encadenados. Carlos me telefoneó y me contó que había llegado al límite de su matrimonio. Había probado todo lo que se le había ocurrido, pero al parecer su esposa se oponía a todos los intentos que hacía él para arreglar los problemas. Estaba atrapado en un matrimonio con una mujer que no quería estar allí, pero que parecía decidida a hacer que su marido fuera tan desdichado como lo era ella. Él me preguntó si podía reunirme con ellos y ver cómo ella estaba rompiendo su matrimonio. Acepté esa reunión, pero estaba bastante convencido de que había más cosas que Carlos no me había contado.

Cuando nos reunimos, descubrí a una mujer retraída que lo único que hacía cuando Carlos me contaba su caso era poner los ojos en blanco y carraspear. En determinado momento, hice una pausa para hacerle a Carlos una observación amable, según me pareció, sobre su tono de voz cuando se dirigía a su esposa. Se revolvió contra mí, declarando a gritos y desafiante que no había venido para que nadie lo atacara, y que si yo no pensaba tratar el problema que tenía ella, no había motivo para seguir perdiendo el tiempo hablando de nada. Sentí el deseo intenso de poner los ojos en blanco y carraspear, pero logré sobreponerme a la tentación. Era muy evidente que Carlos se sentía atrapado en su matrimonio, pero no se daba cuenta de que sus reacciones propias de un temperamento volátil y su convencimiento de que tenía razón podían constituir parte del problema. Acusaba a su esposa de defender unas murallas que él mismo había contribuido a levantar.

Este es otro detalle interesante de las trampas. Podríamos pensar que, en caso de sentirnos atrapados, haríamos cualquier cosa por liberarnos. Podemos pensar que Carlos estaría desesperado por admitir que lo que él estaba haciendo no daba resultado, y pedir alternativas. Pero Carlos es como muchos de nosotros: decimos que queremos ser libres, pero no deseamos el cambio de régimen personal que exige la libertad. Es posible que prefiramos sutilmente una vida a largo plazo encadenados a nuestros problemas, en lugar del esfuerzo a corto plazo de hacer lo necesario para vivir de otra manera.

Probablemente, algunas personas no sepan que están atrapadas o, quizá, que incluso ni les importe. Esto suele pasar cuando encontramos algún beneficio en la trampa en la que nos hallamos. Podemos adaptarnos notablemente a las trampas que nos ofrecen algo a cambio. Ya hemos visto la trampa de la actividad incesante, pero también hay otras. Tomemos el ámbito profesional, por ejemplo. A primera vista, mejorar nuestro estatus laboral es positivo. Puede ofrecernos mucho de lo que queremos: bienes materiales, la estima de otros, un sentido de dignidad personal. Pero el éxito profesional puede ser una trampa que oculte el precio que exige a la familia una vida bien equilibrada. Las deudas constituyen otra trampa ingeniosa. Los anuncios de tarjetas de crédito prometen todo tipo de libertad para tener más y hacer más en la vida, pero esconden las ataduras de los pagos a un interés elevado. Cuando nos gustan algunas de las cosas que obtenemos en nuestras trampas, a menudo no vemos el problema hasta que lo tenemos justo encima de la cabeza. Lamentablemente, algunas personas se adaptan tan bien a sus trampas que no les importa la diferencia que pueda suponer la libertad en sus vidas.

Es probable que hayas leído hasta este punto porque sientes que estás metido en algún tipo de trampa. Tienes la esperanza de encontrar una salida. Eso es bueno porque, si no sabes que estás en una trampa, nunca podrás salir de ella. Una vez eres consciente de estar atrapado, estás preparado para reflexionar sobre cuál es la solución.

NO SABEMOS LO QUE SIGNIFICA SER LIBRES

La libertad consiste en algo más que escapar de las trampas que nos retienen. En última instancia, el modo en que entendamos la libertad determinará qué haremos respecto a las cosas de esta vida que nos mantienen atrapados.

Nos detendremos aquí para que pueda avisarte que voy a ponerme filosófico. No hay forma de evitarlo. La pregunta "¿Qué es la libertad?" es una de las grandes dentro del mundo de la filosofía. Por lo tanto, los siguientes párrafos son un intento importante (pero espero que indoloro) de encontrar sentido a lo que queremos decir cuando usamos lo que un filósofo definió como "la palabra equívoca"[3], que es "libertad".

En términos generales, los filósofos y los teólogos están de acuerdo en que la libertad supone la ausencia de coerción y de limitaciones para hacer y ser lo que queremos. En este sentido, la libertad se puede entender como lo opuesto a la esclavitud o a la tiranía. Pero también hay un aspecto positivo: las personas deben poseer lo que es necesario para vivir en libertad. ¿De qué sirve que te declaren libre si careces de los medios necesarios para vivir como quieres? Para los filósofos, no puedes ser realmente libre si no tienes cómo practicar esa libertad. Pero, a partir de este punto, las cosas se complican.

Por ejemplo: ¿Cuánta libertad es posible? ¿Se puede disponer de una libertad total, sin límites o inhibiciones sobre lo que podemos hacer y ser? Quizá parezca evidente que la respuesta es que no, pero a los filósofos les encanta partir de una idea extrema y luego retrotraerse a la experiencia. Por ejemplo, si la libertad total no es posible, ¿qué queremos realmente? ¿Una libertad parcial? ¿Ocasional? ¿La

3. John Hospers, "Free Will and Psychoanalysis", *Moral Philosophy: An Introduction*, segunda edición, Paul F. Fink, ed. (Encino, Dickenson Publishing Company, 1977), p. 318.

libertad es real o solo es un espejismo? Ahora nos adentramos en ese debate muy complejo centrado en el libre albedrío frente al determinismo. Durante mi investigación, leí libros enteros sobre el tema y no podría explicarte lo que se supone que debía sacar de ellos. Pero la idea crucial es que la verdadera libertad no es la libertad que no tiene límites. Hay restricciones para el grado en que podemos ser libres.

Añadamos la teología a esta ecuación. Si en algún lugar ahí fuera existe un Dios que todo lo controla, ¿puedo seguir siendo libre? Si hay un dios (y a los filósofos les entusiasma hablar de ese dios siempre que usemos el adverbio "si"), ¿limita él/ella/ello mi libertad? ¿Es posible que exista la libertad, en cualquier sentido, si hay un dios que puede intervenir (y lo hará) en los asuntos de la humanidad? Si Dios está por encima de todas las cosas, ¿puede existir la libertad humana?

¿Tenemos un derecho inalienable a la libertad? ¿No es esto lo que afirma la Declaración de la Independencia de Estados Unidos: el derecho inalienable a la vida, *la libertad* y la búsqueda de la felicidad? ¿Qué derecho tenemos a expresar nuestra libertad? ¿Qué pasa si mi búsqueda de la libertad afecta a la tuya? ¿Qué pasa si lo que quiero hacer y ser significa que yo soy tu amo y tú, mi esclavo (o yo soy el déspota y tú, un miembro de la chusma ordinaria que apoya mi gobierno)? Obviamente, no podemos tener un derecho absoluto a la libertad.

¿Qué hago si no tengo libertad? ¿Tiene la sociedad o el gobierno la responsabilidad de garantizar que tengo todo lo necesario para procurar mi libertad? Y si no lo hacen, ¿tengo la obligación moral de luchar por la libertad? ¿Rebelarme contra lo que considero tiranía? Otra pregunta: ¿Tengo libertad para renunciar voluntariamente a ella? ¿Puedo cambiarla por algo, como la seguridad, que quizá desee más? Hablamos de libertad de expresión, libertad para poseer armas, libertad religiosa, libertad para casarnos con quien queramos, hacer con nuestros cuerpos lo que nos venga en gana, vivir sin padecer la intolerancia de otros. Pero todas estas "libertades" son muy controvertidas en nuestra cultura. Tal como dice la famosa cita de Will Rogers, en la práctica la libertad no funciona tan bien como en los discursos.

Quizá ya nos hayamos remojado suficiente en la piscina de la filosofía, pero esto te dará una idea de los factores involucrados en nuestras charlas sobre la libertad. Déjame que intente insertar esto en el mundo de la cultura popular. Mientras realizaba la investigación previa a este libro, reuní un conjunto de canciones que hablan de la libertad. Partiendo de las letras que se han ido grabando en mi mente durante los meses pasados, he compuesto un poema en verso libre. A lo mejor esto nos ayuda a captar bien el verdadero significado de la libertad, al menos el concepto de libertad que me dicta el mundo de la música pop, *rock*, *hip hop*, *country*, *reggae*, punk y *metal*. Viene a ser algo así:

Es un día estupendo para la libertad.
La libertad llega como un relámpago. Nace de la lucha. Viene embotellada.
Si la esperamos, llega. Viene cuando la agarramos en cuanto la vemos.
La libertad sabe a realidad. Es como un pájaro azul que pasa raudo a mi lado.
La libertad clama en las cimas. Es una vela al viento en una playa lejana. La libertad son las plantas de marihuana que se agitan con la brisa.
La libertad es una carretera y un camión que circula por ella. O un paseo por la autopista del amor en un Cadillac rosa. Pero, si buscas al diablo, lo hallarás en la Carretera Libertad.

La libertad es una canción sencilla que todo el mundo debería cantar.

Es otra forma de decir que no hay nada que perder.
La gente debe ser libre. Descubre el precio de la libertad.
No cedas terreno y tañe las campanas de la libertad.
Mira cómo bailan las relucientes campanillas de la
libertad.
Mira cómo ondean las banderas de la libertad.

¿Ya te he dicho que solo quiero ser libre?
Tu amor me libertará. Pero si amas a alguien, tienes que
darle libertad.
Tengo que liberarme del amor.
Ahora soy libre como un pájaro, un ave a la que no
puedes cambiar.
Para mí no hay bien, no hay mal, no hay reglas, soy libre.
Soy libre y feliz, soy salvaje y libre, corro sin ataduras,
estoy en caída libre.
No me detendré hasta que encuentre mi libertad.
Ojalá supiera lo que es ser libre.

LIBERTAD REAL PARA TRAMPAS REALES

"Ojalá supiera lo que es ser libre". Este es un deseo que despierta ecos en todos nosotros, porque todos, en algún momento, nos sentimos atrapados en la vida. En el primer capítulo, vimos a unas personas que tenían una intensa necesidad de ser libres. No es que estén encerrados en una cárcel literal. No son gente inusual. Son personas a las que podrías entrenar en tu equipo de fútbol o con las que juegas en grupo. Son esas personas que trabajan en el cubículo que está al lado del tuyo en la oficina o que preparan el café que te tomas cada mañana. Pero se sienten atrapadas en algo o por algo, y no logran huir. Imagino que, de una u otra manera, conoces a alguna de ellas. A lo mejor, figuras entre esos individuos. Estoy escribiendo este libro para esas personas y, espero, también para ti.

Hay un elemento que estas historias tienen en común: las personas permanecen en sus trampas porque no pueden liberarse solas. Por mucho que queramos huir de las trampas en las que nos hallamos prisioneros, es probable que necesitemos algo fuera de nosotros para poder ser libres de ellas. Las trampas no se abren solas; las cadenas no caen a menos que alguien las rompa; los muros no se derrumban si no hay una fuerza que los haga caer. A medida que avancemos, veremos que cada uno de los individuos que aparecen en el capítulo 1 necesita algo que intervenga en sus vidas para encaminarlos por la vía hacia la libertad. Si te sientes atrapado en la vida, seguramente sabes, en lo más hondo, que no puedes liberarte sin la ayuda de algo o alguien que está fuera de ti.

La consciencia de que en la vida hay diversas circunstancias, límites y debilidades que nos tienen prisioneros es una realidad que experimenta todo ser humano. No aceptamos de buen grado esta esclavitud más profunda, porque no fuimos creados para vivir con ella. Creo que nuestro deseo de libertad significa que, de hecho, fuimos creados para ser libres; por lo tanto, anhelamos ese estado, luchamos por alcanzarlo, puede que incluso lo idolatremos. Y algún día, de algún modo, tenemos la esperanza de disfrutarlo.

Sin embargo, ¿sabemos realmente cómo se siente alguien que es libre? Es posible que la libertad para la que fuimos diseñados nos resulte desconocida. Es una libertad que no podemos ganar por nuestros propios esfuerzos. Yo sostengo que se trata de un don de ese Dios que nos ha hecho con la capacidad de experimentar la verdadera libertad. Espero darte una visión de la libertad que no se atasque en la filosofía o se vea truncada por los límites de la vida, que todos experimentamos. Quiero despertar en tu vida el deseo de esa libertad y ayudarte a entender cómo es posible una vida de auténtica libertad (una libertad plena, profunda y gozosa) aquí y ahora, en un mundo lleno de trampas, jaulas, cadenas y muros.

Capítulo 3

LA GRAN TRAMPA Y LA REDENCIÓN COLOSAL

A unas cinco cuadras de Eastern State Penitentiary, se encuentra el punto focal de uno de los grandes debates artísticos en toda la historia de Filadelfia. La controversia se centró en la pregunta: "¿Esto es arte?". El centro de atención fue una estatua erigida prominentemente en la entrada del Museo de Arte de la ciudad, un centro de categoría mundial. La ciudad estaba dividida: los defensores de la estatua sostenían que captaba a la perfección el espíritu de la ciudad; a los adversarios no les entraba en la cabeza que personas en su sano juicio consideraran que aquella enorme figura de bronce fuera "arte".

La estatua se conocía sencillamente con el nombre de "Rocky". Era (y es) un retrato de 2,5 m de Rocky Balboa, aquel boxeador ficticio salido de las calles que aparece en esa franquicia cinematográfica aparentemente infinita, creada, producida, dirigida y protagonizada por Sylvester Stallone. En realidad, la estatua era un artículo de utilería, una imagen de Rocky (Stallone) en una pose triunfal, que había aparecido en la película *Rocky III* (y un tiempo más tarde, en un cameo, en *Rocky V*). En las películas, la estatua se levantaba en lo alto de una larga escalinata que Rocky subía corriendo al final de los icónicos montajes de su entrenamiento en varias de las películas. Resulta que esos escalones también constituyen la majestuosa entrada delantera del Museo de Arte, una de las grandes instituciones culturales de la ciudad. Por eso se produjo la controversia.

En cierto sentido, no debería haberse producido esa discrepancia. En realidad, nadie afirma que este Rocky sea una obra de arte: ¡es un objeto del escenario! Es un famoso actor plasmado en bronce. Pero el museo se enfrentó a una gran presión pública por parte de la industria turística, que consideraba que la estatua sería una gran atracción para los forasteros. Además, estaban rodeados de ciudadanos de Filadelfia que habían llegado a identificarse con Rocky y que veían en su historia algo de lo que querían apreciar en su ciudad.

HISTORIAS SOBRE LA REDENCIÓN

Con Rocky, Sylvester Stallone entró en contacto con un tema universal. Por eso, los administradores del museo y de la ciudad llegaron a un acuerdo y otorgaron a Rocky su propio lugar honorífico cerca de los escalones del Museo de Arte, pero no en ellos. Este es el motivo por el que personas de todo el mundo acuden al museo para ver a Rocky y "subir corriendo las escaleras de Rocky". Rocky viene a ser una historia moderna sobre la redención. "Solo soy otro vagabundo del barrio" (como dice Rocky en la película) que, atrapado en la pobreza y la ignorancia de la clase baja, recibe la oportunidad de escapar de ella mediante un combate por un título inmerecido. Rocky aprovecha esa oportunidad, la exprime al máximo, encuentra el amor y alcanza cierto tipo de libertad para, por fin, hacer y ser lo que quiere. No es casualidad que el combate culminante con Apollo Creed tenga lugar en la Cuna de la Libertad el Día de la Independencia.

Nos encantan las historias sobre la redención. Queremos que

nos recuerden que las trampas que nos aprisionan, las cadenas que nos sujetan, las cargas que nos aplastan, los muros que nos contienen no nos mantendrán prisioneros para siempre. En algún lugar, ahí fuera, algo intervendrá y nos libertará, nos dará un camino hacia la libertad que no podemos alcanzar solos. Lo que hace que una historia sea redentora no es solo la situación en la que se encuentra la persona prisionera, sino el riesgo que corre o el precio que paga la persona que interviene para traer libertad. La redención no consiste solamente en un héroe poderoso que acude al rescate; exige algo del rescatador. El campeón, Apollo Creed, ofrece a Rocky la redención por medio de una oportunidad inmerecida al título que proporciona un combate. Esta onerosa libertad se plasma con mayor evidencia en *Los miserables*, de Victor Hugo, dado que los personajes principales Fantine, Eponine y Jean Valjean sacrifican sus vidas por la libertad de Marius y de Cosette. J. R. R. Tolkien llenó sus historias sobre *Hobbits* y el Anillo con personajes que corrieron tremendos riesgos y pagaron precios altísimos por amor a los protagonistas. Más recientemente, las novelas de Harry Potter culminan con un balance de las víctimas, de personajes queridos que entregan sus vidas para librar a Harry y a sus amigos del malvado Lord Voldemort. Desde el oso Baloo, en *El libro de la selva*, hasta Anna en *Frozen*, Disney ha elaborado un canon moderno en el mundo de la animación, centrado en historias sobre la redención.

Las personas a las que conocimos en el capítulo 1 necesitan redención. Están atrapadas. Para algunas, la trampa es algo que ellas mismas han construido. Para otras, parece que las ha alcanzado un destino cruel y, por mucho que luchen para liberarse, nada cambiará. ¿Crees que estás metido en una de esas trampas? Quizá tu celda no es una de las que hemos visitado, pero aun así sabes lo que significa estar cautivo. Anhelas una libertad que no puedes obtener por tu cuenta.

He escrito este libro porque existe una historia de la redención que puede darte verdadera libertad, no solo inspirarte, no solo ayudarte a soportar o adaptarte a las circunstancias difíciles. Esta historia de la redención es vívidamente real y tiene una importancia eterna. Dicho en pocas palabras, existe para liberarte. Para estudiarla, tenemos que abandonar Filadelfia y cruzar el mundo, retrocediendo en el tiempo hasta la Palestina antigua. Allí encontraremos a Aquel a quien llaman el Redentor, Jesús de Nazaret. Lo veremos caminar por las sendas polvorientas a las afueras de Jerusalén. Está a punto de comenzar a impartir una lección. Y no te la puedes perder.

ATENCIÓN AL MOMENTO EDUCATIVO

¿Alguna vez has sido el receptor de un momento educativo? Este tipo de momentos se dan cuando personas que no saben lo suficiente hacen o dicen algo que revela la amplitud de su ignorancia. Así todo el mundo aprende gracias a su ejemplo.

Veamos un caso. Cuando yo era pequeño, jugaba al fútbol americano. Un día, cuando ya estábamos acabando un largo entrenamiento, el entrenador nos pidió que siguiéramos un rato más. Se escuchó la voz de alguien que dijo: "¡Pero entrenador! ¡Estamos cansados!". Yo pensé: *¿Quién debe ser el tonto que se queja del entrenamiento de fútbol americano?* Cuando miré a mi alrededor, todos me estaban mirando. De repente me di cuenta de que el tonto que se había quejado era yo.

Si conoces los entrenamientos de fútbol, sabrás que las quejas inducen el momento educativo. Agarrándome por los protectores de los hombros, el entrenador me arrastró hasta ponerme al frente de todo el equipo. "El número 26, aquí presente, dice que estamos cansados. Creo que quiere que descubramos lo que es estar realmente cansados. ¡Todos en línea! ¡Hora de correr un rato!". Fue así como el equipo entero experimentó un momento educativo gracias al cual aprendió por qué uno no debe quejarse durante el entrenamiento de fútbol americano. En mi caso, ese momento confirmó que, después de todo, no deseaba tanto jugar al fútbol americano. Así que me pasé al fútbol europeo (donde, dicho sea de paso, quejarse y gimotear son cosas totalmente aceptables).

Nadie practicó mejor el arte del momento educativo que Jesús de Nazaret. Uno de sus mejores momentos docentes se detalla en Marcos 10:32-45. La escena transcurre en una calle: Jesús y sus discípulos están en el camino de Jericó, dirigiéndose hacia Jerusalén para celebrar la Pascua. El viaje es premonitorio. Las palabras y los actos de Jesús han generado un enfrentamiento con las autoridades. Jesús dedica un momento a contextualizar la situación para ellos.

> He aquí subimos a Jerusalén, y el Hijo del Hombre será entregado a los principales sacerdotes y a los escribas, y le condenarán a muerte, y le entregarán a los gentiles; y le escarnecerán, le azotarán, y escupirán en él, y le matarán; mas al tercer día resucitará (Marcos 10:33-34).

Esto no es un grito de guerra, sino una verdad dura y espantosa. Podríamos pensar que induciría a los discípulos a reflexionar. Pero según parece no fue así, porque dos de sus amigos más íntimos, los hermanos Santiago (Jacobo) y Juan, se encargan de proporcionar la ignorancia circunstancial necesaria para un buen momento educativo. Santiago y Juan no hacen ni el más mínimo caso a las agoreras palabras que Jesús acaba de pronunciar, y hacen lo que un comentario define, con razón, como "un turbio intento de hacerse con el poder"[1]: le piden a Jesús que les conceda lugares de honor a su mano derecha y a su izquierda cuando entre en su reino (10:37). Sin perder un instante, Jesús aprovecha a restablecer las prioridades. El momento educativo no sirve solamente para revelar la naturaleza

---

1. G. K. Beale y D. A. Carson, eds., *Commentary on the New Testament Use of the Old Testament* (Grand Rapids, Baker Academic, 2007), p. 203.

ridícula de la petición de aquellos dos hombres; Jesús lo aprovecha para definir la verdadera naturaleza de la grandeza (10:42-44). Y luego lleva la enseñanza mucho más allá.

> Porque el Hijo del Hombre no vino para ser servido, sino para servir, y para dar su vida en rescate por muchos (Marcos 10:45).

Esta breve frase de Jesús será nuestro momento educativo en las siguientes páginas.

SOBRE EL RESCATE Y LA REDENCIÓN

Lo primero que detectamos en esta afirmación es que Jesús pasa a referirse a sí mismo en tercera persona. No se trata de ningún tipo de caída en el narcisismo propio de las celebridades. Jesús utiliza unas poderosas imágenes del Antiguo Testamento para alertar a sus lectores de que lo que dice tiene una importancia cósmica y eterna. Tal como ha comentado el erudito bíblico Robert Peterson, que Jesús se llame a sí mismo el Hijo del Hombre combina "el mortal e insignificante 'hijo del hombre' de Salmos 8:4… con el exaltado y divino 'Hijo del Hombre' de la profecía de Daniel (ver Daniel 7:13-14)".[2] Peterson pasa luego a subrayar el uso que hace Jesús de un verbo en tiempo pasado (el Hijo del Hombre no *vino*) para declarar su preexistencia. En otras palabras, con tan solo media frase Jesús ha afirmado su deidad, ha descrito su esencia y ha preparado el escenario para revelar su propósito último. ¿Y cuál es ese propósito? "Dar su vida en rescate por muchos".

Jesús elige cuidadosamente la palabra traducida *rescate* para proclamar la importancia teológica de la muerte venidera que acaba

2. Robert A. Peterson, *Salvation Accomplished by the Son: The Work of Christ* (Wheaton, Crossway, 2002), p. 329.

de describirles mientras caminan. Se trata de un término sacado de la economía, una palabra que culturalmente se entendía en un sentido muy concreto. En nuestro idioma, tenemos distintos términos para describir los diversos tipos de intercambios financieros. Podemos pagar una multa, hacer un préstamo, comprar un coche, ingresar un cheque o cobrar una prima. *Rescate* era el término que se usaba cuando la transacción económica consistía en pagar el precio de un esclavo para liberarlo. Cuando en la época de Jesús usabas el término *rescate*, todos daban por hecho que hablabas del comercio de esclavos. La única manera de "ser" un rescate era que te ofrecieras literalmente como pago para garantizar la libertad de una persona que fuera esclava.

¿Entiendes lo que estaba diciendo Jesús? Cuando dijo que sería entregado a las autoridades, condenado, azotado y al final ejecutado, no les estaba ofreciendo la peor opción. No les manifestaba su deseo de ser un mártir por la causa. Este resultado horrible no tendría lugar porque los adversarios fueran demasiado tercos como para convencerlos o demasiado fuertes como para vencerlos. Jesús no moriría así porque su plan fuera a fracasar. Así *era* el plan. Jesús vino a morir, y su muerte fue el rescate, el pago, el precio para liberar a las personas. "Por muchos", dice. Ahí estamos incluidos tú y yo.

Lo que es más: Jesús no indica simplemente lo que va a hacer; revela por qué lo hará. Su elección de la palabra *rescate* establece el vínculo entre lo que ha venido a hacer y lo que ya hizo por el pueblo de Israel unos siglos antes, durante el éxodo de Egipto. Para comprender lo que dice Jesús aquí, hemos de mirar lo que sucedió en aquel entonces.

EL ÉXODO: UNA HISTORIA DE REDENCIÓN ETERNA

Cuando llegaron a la tierra de Egipto, solo eran una pequeña tribu nómada; la Biblia dice que no eran más de setenta (Éxodo 1:5).

En el libro de Génesis, descubrimos que vinieron a Egipto para huir de una hambruna que arrasó todo el Creciente Fértil. Gracias a la providencia de su Dios —Jehová—, uno de ellos, que había sido expulsado años antes, había ascendido hasta un lugar de autoridad en Egipto. La familia lo siguió hasta ese país con la aprobación de un faraón que valoraba la previsión administrativa de José, el israelita.

A medida que transcurrían los años, el pequeño clan israelita fructificó y se multiplicó por toda la tierra egipcia. Los prejuicios raciales y los temores frente al número creciente de integrantes de este pueblo inmigrante hicieron mella en los egipcios. Ignorando cuatrocientos años de coexistencia pacífica, así como el papel crucial que había desempeñado José para la supervivencia del pueblo egipcio, los nuevos gobernantes comenzaron a tratar con desprecio a esos no egipcios, como a enemigos del estado. Al final, los israelitas fueron obligados a ser esclavos. No había ninguna salida humana para la esclavitud. Pero en el segundo capítulo del segundo libro de la Biblia, se monta el escenario para la gran redención a la que llamamos "el éxodo".

> Aconteció que después de muchos días murió el rey de Egipto, y los hijos de Israel gemían a causa de la servidumbre, y clamaron; y subió a Dios el clamor de ellos con motivo de su servidumbre. Y oyó Dios el gemido de ellos, y se acordó de su pacto con Abraham, Isaac y Jacob. Y miró Dios a los hijos de Israel, y los reconoció Dios (Éxodo 2:23-25).

Los israelitas estaban cautivos en la esclavitud y pasaban cada instante de sus vidas en medio de la servidumbre y de la opresión. A lo largo de su historia, habían conocido épocas duras, pero nunca antes habían sido un pueblo esclavizado. Así que clamaron. Elevaron su desesperación en forma de ruegos al Dios que siempre había estado ahí para sus antepasados, Jehová-jireh, el Dios que provee (Génesis 22:14). El pasaje anterior usa cuatro verbos para describir la respuesta de Dios ante el clamor del pueblo: oyó, se acordó, miró y reconoció. En el hebreo original, estas palabras transmiten algo parecido a esto: Dios escuchó el clamor con los oídos de la misericordia y de la compasión, y se indignó al ver lo injusta que era la esclavitud de ellos. Nada escapaba a su vista. Basándose en su fidelidad a las promesas del pacto que había hecho con su patriarca Abraham, Dios puso en marcha la obra de la liberación.

Inmediatamente después de esto, el relato del Éxodo va aumentando el ritmo. Primero, Dios llama a Moisés desde la zarza ardiente como su siervo elegido (3:1-12) y lo manda que vaya a Faraón para exigir la liberación de los israelitas (y lo capacita para ello, 3:13–4:17). Moisés regresa a Egipto (4:18-31) para tener su primer enfrentamiento desastroso con Faraón (5:1-21), pero se sume en el desespero debido a su fracaso: "¿Para qué me enviaste?" (5:22).

Como respuesta a la petición de Moisés de que lo libere del papel que le ha encomendado, Dios le ofrece una visión fugaz de la gran historia eterna que se está escribiendo. En Éxodo 6, echamos un vistazo a los profundos planes de Dios y descubrimos la redención, que fue un presagio de lo que vino a hacer Jesús siglos más tarde.

> Habló todavía Dios a Moisés, y le dijo: Yo soy JEHOVÁ… yo he oído el gemido de los hijos de Israel, a quienes hacen servir los egipcios, y me he acordado de mi pacto. Por tanto, dirás a los hijos de Israel: Yo soy JEHOVÁ; y yo os sacaré de debajo de las tareas pesadas de Egipto, y os libraré de su servidumbre, y os redimiré con brazo extendido, y con juicios grandes; y os tomaré por mi pueblo y seré vuestro Dios; y vosotros sabréis que yo soy Jehová vuestro Dios, que os sacó de debajo de las tareas pesadas de Egipto (Éxodo 6:2-7).

Dios describe a Moisés lo Él que hará: los sacará, los librará y los redimirá. Las primeras dos frases son sinónimas en cierto sentido, pero su propósito es describir lo que sucederá. Dios no los dejará en Egipto; pondrá distancia entre ellos y las circunstancias de su esclavitud, y lo hará mediante su propia mano divina. No pretende iniciar una rebelión o una revolución. No está desarrollando un plan de escape muy elaborado mediante el cual los israelitas, de improviso, saldrán corriendo para llegar a la frontera. Serán guiados por la mano de Dios, a plena vista de sus opresores.

La tercera palabra es la clave. Dios dice que "redimirá" a su pueblo. No tenía por qué usar estar palabra para describir el éxodo, pero que lo haga tiene una importancia cósmica y eterna.

El grupo de palabras hebreas traducido como *redimir* o *redentor* está repleto de significado. Nos habla de algo que restaura y preserva alguien que tiene los medios necesarios para hacerlo. El valor de lo redimido queda determinado por el precio que el redentor está dispuesto a pagar por ello. De este mismo grupo de palabras procede el término que Jesús usa con los discípulos, *rescate*. Redimir a alguien es pagar para que deje de ser esclavo. El precio de esa redención es el rescate que se paga.

Lo que está diciendo Jehová en Éxodo 6:6 es que Él "pagará el precio" para liberar a Israel. Podemos trazar una línea recta entre Éxodo 6:6 ("os redimiré con brazo extendido") y la declaración que hace Jesús a sus discípulos en Marcos 10. Jesús dice a sus discípulos que los propósitos redentores de Dios para toda la eternidad se cumplirán pronto… por medio de Él. Jesús ha venido precisamente con este propósito. Él está a punto de ser el rescate que redimirá a los que están esclavizados. Todo el Antiguo Testamento, y concretamente Éxodo, señala hacia la gran redención eterna que llevará a cabo Jesús. Los escritores del Nuevo Testamento veían esta verdad asombrosa como una imagen esencial del propio evangelio, a tal punto que las generaciones siguientes comprenden el mensaje y la obra de Jesucristo simplemente como "el plan de redención".

LA REDENCIÓN DE LA GRAN TRAMPA

Jesús les dice a los discípulos que ellos son como los hebreos en Egipto: esclavos oprimidos e indefensos que no pueden liberarse solos. Y nosotros también estamos atrapados. Desde el mismo corazón que muestra Jehová en la historia del éxodo, la compasión de Jesús fluye hacia los atrapados y los esclavizados. Actúa a favor de los encadenados y lo hace por misericordia, no por nuestro mérito. Necesitamos la libertad que solo Él puede comprar para nosotros. Haciendo una paráfrasis de Éxodo 2:25, Jesús vio a los muchos, y los reconoció. Como dice a los discípulos, no vino para ser servido, sino para servir. Él es el Siervo de Dios prometido, que vino a sacar "de la cárcel a los presos, y de casas de prisión a los que moran en tinieblas" (Isaías 42:7), "a publicar libertad a los cautivos, y a los presos apertura de la cárcel" (Isaías 61:1; Lucas 4:18). Todos necesitamos libertad. Todos necesitamos a Jesús.

En Éxodo, la trampa es evidente: la esclavitud de la nación es la condición que induce al corazón de Dios a actuar. Pero ¿qué hay de nosotros, los "muchos" a los que Jesús vino a rescatar? ¿Cuáles son las cadenas y las trampas que nos esclavizan? Jesús y los escritores del Nuevo Testamento dejan muy claro que somos esclavos del pecado, por eso se paga un rescate para que nos veamos libres de él. Esta es la esclavitud que ata a toda la humanidad, la trampa eterna de la que no hay escapatoria humana. Solo Jesús puede liberar a las personas atrapadas en el pecado. Pensemos en sus palabras cuando tuvo un enfrentamiento directo con sus enemigos, en Juan 8.

> Por eso os dije que moriréis en vuestros pecados; porque si no creéis que yo soy, en vuestros pecados moriréis...

> De cierto, de cierto os digo, que todo aquel que hace pecado, esclavo es del pecado. Y el esclavo no queda en la casa para siempre; el hijo sí queda para siempre. Así que, si el Hijo os libertare, seréis verdaderamente libres (Juan 8:24, 34-36).

Tenemos que entender esta idea del pecado. Si le pides a una docena de personas que definan la palabra *pecado*, seguramente obtendrás una docena de respuestas distintas. El concepto del pecado se refiere a las cosas malas que suceden en el mundo que Dios ha hecho para el bien. Algunas personas viven sintiendo que todo lo que hacen es pecado; algunas viven con la sensación de que es todo lo que hacen otras personas. Para otros, el pecado es un término moral para referirse a las cosas que hacen las personas y que, generalmente, consideramos equivocadas. Matar es pecado, mentir es pecado. Pero no todo el mundo define la moral de la misma manera. Para algunos, embellecer una anécdota u ocultar datos importantes a alguien constituye el pecado de la mentira; para otros, no es así. Algunos piensan que el aborto es el pecado del asesinato; otros, que es la interrupción legal del embarazo. Dentro de nuestro mundo complejo, no existe tanta claridad moral como nos gustaría, de modo que lo que es y lo que no es pecado puede constituir una cuestión bastante divisiva.

La Biblia nos presenta el pecado como un rechazo de los caminos de Dios junto con las consecuencias de esa elección. Cuando nos dice que somos redimidos de la esclavitud al pecado, habla de una experiencia humana universal, que es la de estar ineludiblemente atrapados por el pecado y por sus consecuencias. En el relato de la Caída, en Génesis 3, vemos el plano con el que se construyó la trampa del pecado. Allí vemos el impulso inicial de los humanos hacia la independencia que reta a Dios. Nuestros ancestros Adán y Eva se apartan del orden bueno y moral que Dios diseñó para sus criaturas. Cautivados por una dosis suficiente de tentación externa como para inducirlos a una absurda rebelión, se lanzan en persecución de una libertad y de un disfrute de la vida más allá del dominio del Creador. Ignoran y desobedecen consciente y deliberadamente el mandato moral de Dios, para optar por sus propios caminos.

Sin embargo, esa rebelión tiene un coste horrible. No existe vida independiente de Dios; no fuimos creados con esa capacidad. Además, Dios no renuncia a su derecho moral de gobernar a quienes no son Dios. Su divina voluntad es la que ordena y conforma el universo creado, y ningún ser creado está por encima o fuera de ella. Por lo tanto, el tentador serpentino es maldecido (aunque sigue siendo un esclavista activo en este mundo). La culpa y el juicio caen sobre Adán y Eva y sobre todos los que vinieron después de ellos. Con la maldición, llegan también las consecuencias ineludibles de la vida fuera del favor divino: las tinieblas espirituales, el quebranto y la vergüenza, los deseos y la lascivia que gobiernan nuestros actos y nuestras decisiones, las vidas repletas de conflicto y de depravación, las culturas y las sociedades que esclavizan, oprimen y explotan. Y al final aguarda la muerte, el castigo y la separación eternos de Dios. El pecado es la trampa, y no hay escapatoria.

¿Cómo puede librarse alguien de la trampa del pecado? Volvamos al camino junto a Jesús. ¿Adónde se dirige? ¿A Jerusalén? ¿Por qué motivo? Jesús y sus discípulos van a Jerusalén a celebrar la Pascua. La Pascua (que les recuerda el rociamiento de sangre en los dinteles de las puertas de las casas para evitar al ángel de la muerte) es *el* suceso simbólico que vincula al pueblo judío con la redención de sus antepasados de la esclavitud en Egipto (Éxodo 12). No es coincidencia que Jesús revele el sentido más profundo de su plan de redención mientras va de camino a Jerusalén para la Pascua. Ha venido a morir, a ser el Cordero de la Pascua.

Los cuatro escritores de los Evangelios nos llevan al aposento alto en Jerusalén, donde Jesús celebra su última Pascua con sus discípulos. Con esa cena conmemoran la redención del pueblo de Dios de la esclavitud en Egipto. Y ahí, en ese momento, Jesús declara con mayor claridad por qué ha venido. De acuerdo con la costumbre de la Pascua, Jesús levanta una copa de vino, la tercera copa de la ceremonia, la copa llamada "la copa de la salvación, la copa de la bendición"[3]. Marcos lo cita cuando dice: "Esto es mi sangre del nuevo pacto, que por muchos es derramada" (Marcos 14:24). Ahí está de nuevo ese "muchos". Los muchos que serán rescatados lo serán por su sangre.

Muy intencionadamente, Marcos enhebra este mensaje del rescate por sangre en todo su relato de la Pasión. Vimos cómo Jesús reprendía a Santiago y a Juan por sus ambiciones con la pregunta "¿Podéis beber del vaso que yo bebo?" (Marcos 10:38). Esta es la copa a la que alude Jesús en el aposento alto. Y esta es la copa que Jesús pide a Dios que aparte de él en el huerto de Getsemaní: "Abba, Padre, todas las cosas son posibles para ti; aparta de mí esta copa; mas no lo que yo quiero, sino lo que tú" (Marcos 14:36). Gracias al resto de la historia sabemos que, en la cruz, Jesús bebió esa copa sin dejar ni una gota.

En términos teológicos, esto se conoce como "la expiación sustitutiva de Cristo". Es la esencia del evangelio y la clave para la libertad. En lenguaje sencillo, significa que Jesús aceptó el castigo por el pecado que nosotros merecíamos. Pagó el precio que nosotros no teníamos la capacidad de pagar. Jesús es el único ser humano (y la Biblia deja claro que es plenamente humano) que entró en este mundo siendo libre de la esclavitud del pecado, y que vivió su vida sin verse lastrado por los pecados que nos atrapan a ti y a mí. Fue la única persona verdaderamente libre que haya existido. Como es uno de nosotros pero está libre del pecado, pudo ofrecerse como el rescate, la expiación sustitutiva, por muchos. Como es plenamente

3. Göran Larsson, *Bound for Freedom* (Grand Rapids, Baker Academic, 1999), p. 89.

Dios, su sangre preciosa es el precio total del rescate por los muchos. Su pago es enteramente suficiente para liberar a los muchos esclavizados por el pecado. En ningún otro pasaje se expresa mejor y con mayor fuerza esta expiación sustitutiva por nuestra redención que en las palabras del apóstol Pablo en Romanos:

> ...por cuanto todos pecaron, y están destituidos de la gloria de Dios, siendo justificados gratuitamente por su gracia, mediante la redención que es en Cristo Jesús, a quien Dios puso como propiciación por medio de la fe en su sangre, para manifestar su justicia, a causa de haber pasado por alto, en su paciencia, los pecados pasados (Romanos 3:23-25).

Este pasaje recuerda aquella terrible noche en Éxodo 12 cuando Dios trajo la muerte sobre todas las casas que no habían pintado los dinteles de sus puertas con la sangre de un cordero sin mancha. Lee los relatos de la Pasión en los Evangelios. Mientras lo haces, recuerda que ese individuo al que acusaron falsamente, de quien se burlaron, a quien rechazó su propio pueblo, abandonado por sus amigos, empujado a la condenación por la decisión de la plebe, molido a palos, degradado, humillado y finalmente ejecutado como los peores criminales, es el eterno y glorioso Hijo de Dios. Pregúntate: "¿Podría Dios hacer algo más para librarnos de nuestros pecados? ¿Podría pagarse un precio más alto?". ¡No! Nuestro pecado lo exigía, y su sangre lo ha garantizado.

¿TE ENCUENTRAS ENTRE LOS MUCHOS?

Cualquiera puede formar parte de esos muchos. Si te describes como cristiano, ¿cómo llegaste a esa condición? No somos redimidos porque decidamos creer en Jesús, ni porque nos identifiquemos con la tradición religiosa cristiana. No somos redimidos porque asistamos a una iglesia cristiana, porque sigamos un estilo de vida cristiano, porque hayamos hecho "profesión de fe" o porque nos hayamos hecho aceptables a Dios. Somos cristianos porque un misericordioso Redentor pagó el rescate por nuestra redención. En nosotros no hay nada que nos haga más dignos de redención que a cualquier otra persona. Todos estamos atrapados y todos necesitamos ser redimidos. Si tú y yo, por fe, creemos que Jesús bebió la copa de la ira de Dios que iba destinada a nosotros, y que murió por amor a nosotros en el lugar que merecíamos, nos contamos entre los redimidos.

Los muchos no son todos. Jesús añade una salvedad a esta promesa de redención. No todo el mundo tiene un lugar garantizado a su lado. Esto es importante para su interacción inmediata con los discípulos, porque no todos ellos se contarán entre los muchos. Uno rechazará su necesidad del rescate de sangre y optará por el dinero (Marcos 14:10-11, 43-44; ver también Mateo 27:6). En las Escrituras, nunca se nos dice qué fue lo que, en última instancia, motivó a Judas a traicionar a Jesús. Solo explica que aquel que conocía íntimamente a Jesús y escuchó el evangelio repetidas veces, al final, acabó rechazándolo por completo. Dado que existe un Judas, sabemos que "muchos" no son todos.

Tú y yo tenemos que enfrentarnos a la prueba de Judas. Mientras leías este capítulo, has recibido todo lo que necesitas para descubrir tu necesidad del Redentor. Para contarte entre los muchos, debes estar convencido de que estás atrapado en el pecado y eres incapaz de liberarte solo. Para contarte entre los muchos, debes creer que Jesús es quien dice que es, el Salvador Redentor cuya sangre es el único pago por el pecado que puede liberarte de la esclavitud del pecado. Además, debes renunciar a cualquier otra esperanza de obtener la libertad en esta vida o en la siguiente. No puedo expresarlo mejor que el gran teólogo de Princeton, Benjamin B. Warfield, que en determinado momento dijo:

Por consiguiente, lo que deben tener claro en sus mentes es si Cristo es realmente un Redentor para ustedes y si hallan en Él un verdadero Redentor; o si están dispuestos a negar al Maestro que los compró y considerar que su sangre es impura. ¿Se dan cuenta de que Cristo es su Rescatador y que ha derramado su sangre para pagar el precio de su rescate? ¿Son conscientes de que su salvación ha sido comprada, comprada a un precio tremendo, al precio de nada menos que la sangre, y la sangre de Cristo, el Santo de Dios? O, yendo un paso más allá: ¿se dan cuenta de que ese Cristo que así ha derramado su sangre por ustedes es al mismo tiempo su Dios?[4]

4. Benjamin B. Warfield, *The Person and Work of Christ* (Phillipsburg, P & R Publishing, 1989), p. 347.

Capítulo 4

LA AUTÉNTICA LIBERTAD

En el capítulo anterior vimos cómo Jesús utilizó un momento educativo para revelar su gran propósito redentor. Lo que generó la oportunidad de un momento de enseñanza con Santiago y con Juan fue la descripción que hizo Jesús de su muerte venidera (Marcos 10:33-34). Jesús mostró a sus discípulos y a nosotros que su muerte sería el rescate que redimiría a un mundo atrapado en la esclavitud del pecado. Pero su predicción de lo que estaba a punto de suceder en Jerusalén no acaba con su muerte expiatoria en la cruz; Él concluye con estas palabras: "mas al tercer día resucitará" (Marcos 10:34).

La resurrección de Jesús es lo que cambia todo al nivel cósmico. Al salir de la tumba, Jesús rompió nuestras cadenas de esclavitud al pecado y derrotó el castigo de la muerte. Gracias a la resurrección, tenemos victoria en Cristo sobre la esclavitud del pecado. En 1 Corintios, el apóstol Pablo se coloca del lado de la resurrección tras el Calvario y se gloría en la victoria de Cristo. La muerte de Cristo por nuestros pecados y la resurrección tienen la máxima importancia en la celebración de Pablo (15:3-4). Si Cristo no ha resucitado, seguimos atrapados en la maldición del pecado (15:17).

¡Pero Jesús ha resucitado! (15:20). Y reina sobre todos (15:25). Por consiguiente, Pablo puede decir con gran alegría:

> ¿Dónde está, oh muerte, tu aguijón? ¿Dónde, oh sepulcro, tu victoria? Ya que el aguijón de la muerte es el pecado, y el poder del pecado, la ley. Mas gracias sean dadas a Dios, que nos da la victoria por medio de nuestro Señor Jesucristo (1 Corintios 15:55-57).

En los capítulos siguientes aplicaremos esta victoria a circunstancias vitales difíciles. Pero, por el momento, reflexiona sobre este breve resumen de las trampas que ya no sujetan a quienes tienen libertad en Cristo.

- La redención es libertad frente a la maldición de la ley (Gálatas 3:13).
- La redención es libertad de la esclavitud al pecado (Juan 8:34; Romanos 6:17).
- La redención es libertad de la sentencia de muerte (Romanos 7:4-6; 8:2).
- La redención es libertad de la culpa por nuestras transgresiones y nuestros pecados (Efesios 1:7; Colosenses 1:14).
- La redención es libertad de la opresión de Satanás (Mateo 12:22-29; Hebreos 2:15).
- La redención es libertad de las trampas engañosas del mundo (2 Pedro 2:18-21).

Ciertamente, si el Hijo te liberta, ¡eres verdaderamente libre! (Juan 8:36).

LA REDENCIÓN ES UNA LIBERTAD SANTA

Hagamos un viaje más a Filadelfia. A menos de una cuadra del lugar en el que Henry Brown surgió de su cajón a la libertad, se halla Independence Hall. En el caluroso verano de 1776, dentro de este majestuoso edificio colonial de ladrillo, un grupo de abogados y de empresarios estableció los principios y las palabras que luego formarían la Declaración de la Independencia. Ese documento se leyó por primera vez en público el 4 de julio de 1776 en la escalinata de Independence Hall. Once años después, los líderes de las trece colonias ya independientes se reunieron de nuevo en el mismo edificio, durante otro ardiente verano de Filadelfia, para redactar una nueva Constitución. Fue una convención problemática: Ben Franklin describió la Convención Constitucional como "ir a tientas entre tinieblas". Parecía que la unidad respecto a la independencia frente al gobierno británico que se había proclamado de forma tan elocuente y firme en la Declaración, se había hundido en la confusión y en el desacuerdo respecto a lo que debería ser una libertad perdurable. En el capítulo 2 hablamos del tema problemático de la libertad. La historia de Estados Unidos es un viaje para definir, defender e intentar aplicar esta esquiva visión de la libertad que es tan fundamental para nuestra identidad nacional.

Esta es una experiencia que conocemos también en nuestro viaje espiritual. La libertad duradera puede parecer algo inalcanzable. ¿Qué pasa cuando se sueltan las cadenas, cuando se abren las puertas de la cárcel, cuando el tirano que es el pecado queda derrocado? ¿A qué lugar pertenecen las personas libres? ¿Se nos abandona para "ir a tientas entre tinieblas" o volver corriendo a las prisiones que ya conocemos, porque las hemos levantado nosotros? La pregunta de qué debería ser la libertad es crucial si queremos vivir los beneficios que compró el rescate de Cristo.

Esta es la idea clave. La Biblia nos ofrece la noticia maravillosa de que no solo fuimos rescatados *del* pecado, ¡fuimos redimidos *para* Dios! Hemos sido alejados del pecado y llevados al reino de gracia y amor de nuestro Rey Redentor.

Es muy importante que comprendamos esto. A menudo hablamos de lo que significa ser cristiano, de lo que significa ser "salvos". Una de las cosas más importantes que significa es que hemos sido rescatados de la esclavitud del pecado para ser propiedad de Dios. ¡Ser libres significa que pertenecemos a Dios! Y quienes son propiedad de Dios son llamados a vivir para su gloria.

Esto lo expresa de una manera muy hermosa el pacto de Éxodo 6 que leímos en el capítulo anterior. La promesa "y os tomaré por mi pueblo y seré vuestro Dios" (Éxodo 6:7) incluye ahora a todos los que, por la fe, viven en la victoria de Cristo. Esta promesa no se merece ni se gana; todo viene por gracia. Pero también se trata de un pacto santificador. Dios es nuestro Dios, pero nosotros también somos su pueblo. Somos propiedad de Dios. Le pertenecemos por entero. Pablo lo expresa muy claramente: "no sois vuestros, porque habéis sido comprados por precio" (1 Corintios 6:19-20).

¿Crees esto? ¡Para nosotros no es natural hacerlo! Ser propiedad de Dios significa que vivimos para hacer lo que Él desea que hagamos. Nos consideramos totalmente dependientes de Él para vivir. Significa que confiamos en lo que dice. Siempre que seamos tentados a vivir por nuestra cuenta, para nuestra propia gloria o nuestros propios deseos o preferencias, nos apartaremos de esas motivaciones para obedecer a Cristo. Significa que lo que Él hace en nuestras vidas es, en definitiva, lo que queremos que suceda en ellas. Es radical, pero es el latido de la verdadera libertad.

Todo el que intente vivir esta libertad santa en Cristo se dará cuenta de que no es algo que salga de nosotros por naturaleza. La auténtica libertad santa no es algo que tengamos tendencia a buscar. Tenemos que desaprender las conductas que aprendimos durante la esclavitud al pecado, para aceptar la libertad que se nos ha dado. En cierto sentido, somos personas liberadas que necesitan una "nueva constitución" para que nos guíe en la libertad. Hay tres aspectos clave de esta libertad constitucional que tenemos que practicar.

PRACTICA LA GRACIA EN TU LIBERTAD

El primer aspecto que debemos examinar es nuestra tendencia a vivir como si pudiéramos redimirnos solos. Todos tenemos nuestros "sistemas de redención" que nos proporcionan la sensación de que la libertad es algo que nos ganamos, merecemos o conseguimos. Si te fijas bien, verás que cada una de las personas que conocimos en el capítulo 1 tiene su propio sistema de redención. Puede consistir en someterse a los estándares de otros (como Elena, María o William), o huir de los estándares que parece demasiado difícil satisfacer (como Andrés, Esteban o Lorena) o excluirnos de cualquier estándar, porque otros no están a la altura de los estándares que tenemos para ellos (como Miguel y Tatiana). El hilo conductor en todos nuestros sistemas de redención fruto de la mente humana es que somos *nosotros* quienes decidimos qué estándares se nos deben aplicar. Si examinamos de cerca nuestras vidas, descubriremos esta tendencia. Mantenemos una relación esquizofrénica con los estándares morales y espirituales. Corremos hacia ellos para intentar ganarnos nuestro estatus delante de Dios y huimos de ellos cuando no logramos alcanzarlos. Este es el problema del legalismo.

¿Qué es el legalismo? A veces lo identificamos con los actos religiosos, como en "Yo soy espiritual, no legalista". Pero el legalismo no es solo el desempeño de un deber religioso rancio; es cualquier intento de introducir nuestras buenas obras (o la ausencia de malas obras) en la obra de la redención. Supone decir que podemos contribuir a liberarnos de la trampa del pecado. Esto es una actitud farisaica, porque niega el don de la gracia inmerecida y rescatadora que es esencial para nuestra redención y nuestra libertad. El legalismo no acepta la gracia de la redención.

Una de las razones primarias por las que el apóstol Pablo escribió esta carta a las iglesias de Galacia fue para abordar el problema del legalismo. Los gálatas eran gentiles que habían recibido el evangelio y procuraban llevar vidas de fe en Jesucristo. Pero algunos maestros de la ley judía se habían introducido entre ellos y los llamaban a "convertirse dos veces": convertirse a Cristo y luego al judaísmo. Para esos maestros, la única manera de vivir en santa libertad era hacerlo a la manera judía. Pablo, el judío converso, ¡rechazó de lleno esta idea! (Gálatas 1:6-9; 3:1). Dedica los cuatro primeros capítulos de su epístola a hacer un llamado apasionado y tajante para que ellos rechacen esa herejía considerándola una guerra contra "la gracia de Cristo" (Gálatas 1:6). Según palabras de Pablo, ellos procuraban "justificarse por las obras de la ley" (Gálatas 2:16). Fíjate que a esos gálatas no se les pedía que negaran a Jesús; eso hubiera acarreado una persecución. Se les estaba pidiendo que añadieran solo un poco de su propia iniciativa a la obra que había hecho Jesús para completar la transacción de la redención. Gálatas constituye el argumento más poderoso contra el legalismo que hallamos en las Escrituras.

A lo largo de su amplísimo argumento teológico, Pablo usa las expresiones sobre la redención que hemos estado analizando.

> Cristo nos redimió de la maldición de la ley, hecho por nosotros maldición… Así también nosotros, cuando éramos niños, estábamos en esclavitud bajo los rudimentos del mundo. Pero cuando vino el cumplimiento del tiempo, Dios envió a su Hijo, nacido de mujer y nacido bajo la ley, para que redimiese a los que estaban bajo la ley… Estad, pues, firmes en la libertad con que Cristo nos hizo libres, y no estéis otra vez sujetos al yugo de esclavitud (Gálatas 3:13; 4:3-5; 5:1).

¿Cuáles son tus tendencias legalistas? Todo el mundo las tiene. ¿En qué áreas tiendes a hacer cosas para ganarte tu libertad? Las viejas costumbres son difíciles de abandonar, y el hábito de intentar justificarnos delante de Dios es uno de los más antiguos y difíciles de erradicar. Para matar la autojustificación, Pablo nos llama a "estar firmes" en nuestra libertad; no a trabajar para obtenerla, sino a aceptar la gracia gratuita que la acompaña. El pastor puritano Samuel Bolton hizo un llamado sencillo, pero poderoso, a la gracia como oposición al legalismo.

> Mantengan su libertad en Cristo negándose a recurrir por más tiempo a la ley para ser justificados y rehusando temer sus palabras de condenación. Deben vivir, en lo que respecta a su práctica y a su obediencia, como hombres que no pueden ser condenados por la ley ni justificados por ella.[1]

ACEPTA LA IDENTIDAD EN TU LIBERTAD

A finales de la década de 1960, el cantante Jim Morrison, del grupo The Doors, puso en palabras el impulso moderno a entender la libertad como autonomía personal: "Me interesa todo lo relacionado con la rebelión, el desorden, el caos, sobre todo las actividades que parecen no tener sentido. Me parece que son el camino hacia la libertad".[2] El anarquista Adam Kokesh añade a esta independencia radical un sesgo político: "Ser dueño de uno mismo es parte integral de lo que supone ser humano. Eres dueño de ti mismo. Eres dueño de tu cuerpo. Eres dueño de tu trabajo. Afirmar lo contrario es intentar coartar tu libertad o convertirte en esclavo".[3]

Sin embargo, según la Biblia, este impulso hacia la independencia no es prueba de libertad. En la historia de los redimidos,

1. Samuel Bolton, *The True Bounds of Christian Freedom*, posición Kindle 2691.

2. Resulta difícil encontrar la fuente original de esta cita. En una entrevista publicada en el número del 26 de julio de 1969 de la revista *Rolling Stone*, Morrison admitió que el comentario era suyo. Véase http://www.rollingstone.com/music/features/the-rolling-stone-interview-jim-morrison-19690726?page=7.

3. Adam Kokesh, *Freedom* (autopublicado, 2015), p. 7.

no hay un Independence Hall. La exigencia de independencia dice mucho más sobre el problema de nuestras ataduras que sobre su cura. Nunca fuimos creados como seres independientes. Fuimos creados para depender de nuestro Dios Creador para disfrutar de la vida, el sentido y la identidad. La esclavitud del pecado ha liberado en nosotros una veta independiente que, al principio, puede parecer libertad. Pero no estamos diseñados así. En el fondo, no nos gusta la independencia. Buscamos algo o a alguien que nos haga sentir que tenemos una identidad o un propósito. Y sea lo que sea o quien sea, se convertirá en nuestra nueva trampa.

Lo que acompaña a nuestra nueva libertad en Cristo no es solo la liberación del pecado, sino también una nueva identidad. El apóstol Pedro describe así nuestra identidad:

> Mas vosotros sois linaje escogido, real sacerdocio, nación santa, pueblo adquirido por Dios, para que anunciéis las virtudes de aquel que os llamó de las tinieblas a su luz admirable; vosotros que en otro tiempo no erais pueblo, pero que ahora sois pueblo de Dios; que en otro tiempo no habíais alcanzado misericordia, pero ahora habéis alcanzado misericordia. Amados, yo os ruego como a extranjeros y peregrinos, que os abstengáis de los deseos carnales que batallan contra el alma, manteniendo buena vuestra manera de vivir entre los gentiles; para que en lo que murmuran de vosotros como de malhechores, glorifiquen a Dios en el día de la visitación, al considerar vuestras buenas obras (1 Pedro 2:9-12).

Las palabras de Pedro van destinadas a ofrecernos una gran seguridad. Están extraídas del libro de Éxodo, donde Dios especifica qué supone en la práctica "yo seré vuestro Dios y vosotros seréis mi pueblo", y lo hace mediante la concesión de la ley (Éxodo 19:2-6). Desde la realidad plena de la victoria de Jesús en la resurrección,

Pedro describe la identidad del pueblo redimido de Dios en Cristo. Primero, fíjate en el tiempo definitivo de las palabras de Pedro: "*son* una raza escogida... *son* el pueblo de Dios... *han* recibido misericordia". Jesús ha pagado el rescate, y ahora somos posesión de Dios. Quienes pertenecen a Dios nunca serán vendidos de nuevo a la esclavitud del pecado. Nuestra libertad es absolutamente segura. Pero, como demuestra Pedro a continuación, la experiencia que tenemos de ella sigue siendo parcial. Somos peregrinos y exiliados; aún no hemos alcanzado nuestra tierra de libertad, aunque, sin duda, seguimos la ruta correcta.

Fíjate también en los verbos en plural. Este viaje no lo hacemos solos. Hemos sido redimidos *para ser* un pueblo. Esto es muy importante en nuestros días. Vivimos en un mundo que enfoca el viaje espiritual en términos increíblemente individualistas. Es mi fe, mi espiritualidad, mi religión. Resulta mucho más fácil ser independientes si no tenemos que dar cuentas a nadie aparte de a nosotros mismos. Pero, durante su peregrinaje, hubiera sido difícil para los israelitas pensar en su viaje como si fuera una misión personal. Vivían con la consciencia de que formaban parte de un pueblo reunido, y esto determinaba la manera en que entendían la actividad de Dios en sus vidas. La espiritualidad individual es inherentemente pequeña, frágil y tendente a vacilar cuando se presenta la adversidad. La verdadera libertad nunca es, simplemente, mía y solo mía.

Las personas que conocimos en el capítulo 1 luchan con el concepto de quiénes son y de qué se supone que tiene que ofrecerles la vida. Algo ha secuestrado su sentido de la identidad. Puede tratarse de las expectativas o los fracasos de otros; las comodidades del mundo; la indulgencia de la carne; la amargura y el resentimiento; la adicción; los hábitos destructivos. En determinado momento entendieron la vida en términos de las posibilidades y las aventuras que les ofrecía. Ahora solo ven sus pruebas y sus remordimientos. Y, de una forma muy personal, miran la vida en soledad.

Sin embargo, si estamos en Cristo hemos sido unidos a su pueblo santo, su Iglesia, y gozamos de una gran seguridad al saber que formamos parte de su gran obra de redención en este mundo. Vivir teniendo un sentido de nuestra libertad colectiva no nos protegerá de las cosas difíciles de la vida, pero sí nos ayudará a comprender mejor los propósitos que tiene Dios en ella. Estamos vinculados con la obra redentora de Dios a lo largo de la historia. Nuestro viaje tiene profundidad y sentido porque forma parte de la historia más amplia del pueblo santo de Dios, y vivimos esa identidad frente a un mundo que necesita desesperadamente recibir lo que se nos ha concedido.

Tú y yo somos pequeñas historias de la redención, que las personas que nos rodean tienen a la vista. Como dice Pedro, una poderosa motivación para resistirnos al pecado y vivir vidas santas es el deseo de que la historia de nuestra redención sea atractiva para otros que necesitan verse libres de su propia esclavitud. Tenemos un propósito. Un mundo esclavizado por la tiranía del pecado nos observa. Cuando aceptemos nuestra identidad colectiva, como pueblo de Dios, otros podrán ver algo de nuestra redención y del Salvador que nos ha redimido.

ACEPTA EL LLAMAMIENTO EN TU LIBERTAD

En el año 2000, en la lista que elabora el *USA Today* de las cien personalidades más fascinantes de cada año, figuraba un caballo. Se llamaba Zippy Chippy, y su derecho a la fama se debía a que había competido en 86 carreras y no había ganado ni una de ellas. Cuando concluyó su carrera en 2004, había perdido cien carreras. Lo que hizo que Zippy Chippy fuera fascinante no fue el número de veces que perdió, sino su forma de perder. Zippy Chippy era un caballo que tenía talento para ganar. Pero, por el motivo que fuera, no intentaba ganar a menos que fuera bajo sus propias condiciones.

Como dijo en cierta ocasión su entrenador: "Antes de ponerse a correr quiere ver a los otros caballos que tiene por delante. Entonces intenta alcanzarlos. Una vez perdió una carrera por 67 cuerpos. Pero incluso, cuando pierde, vuelve al establo como un campeón, dando coces, saltos y caracoleando con la cola bien alta".

Zippy Chippy se convirtió en una leyenda en el ámbito de las carreras ecuestres. Siempre que corría, los entusiastas de las carreras hípicas apostaban miles de dólares por todo el país, pensando que aquella podía ser la ocasión en que el caballo hiciera lo que supuestamente tenía que hacer. Al final, algunas pistas le negaron la participación porque lo consideraban un timo a los apostadores. Fue su entrenador el que resumió el punto de vista de Zippy Chippy, el caballo terco: "Si este caballo quiere correr, corre. Te da lo mejor de sí mismo. Pero no siempre quiere correr. Es temperamental. No todo el mundo puede ser un campeón. Es un caballo que tiene personalidad. Hace lo que le apetece".[4]

El problema de Zippy Chippy no tiene que ver con la identidad: sabe que es un caballo de carreras. El problema es que "hace lo que le apetece". Todas las personas que vimos en el capítulo 1 tienen este mismo problema. Si le preguntaras a alguna de ellas qué debería hacer para resolver su problema, seguramente obtendrías buenas respuestas.

"Necesito tomar mis propias decisiones", dice Elena.

"Tengo que dejar de aplazarlo todo", dice Andrés.

"Tengo que visitar a un nutricionista", dice María.

"Necesito rendir cuentas a otros", dice Esteban.

"Preciso rehabilitación", dice Lorena.

"Tenemos que comunicarnos", dicen Miguel y Tatiana.

"Me hacen falta las prioridades correctas", dice William.

4. Tomado de diversas fuentes, citas de *USA Today*, 21 de marzo de 2000.

Son buenas ideas. ¿Por qué no funcionan? Porque las ideas sin aplicación no son más que ideas. Y la aplicación no puede tener lugar sin una visión más amplia de por qué queremos cambiar. Los consejeros te dirán que, si lo único que quieren sus aconsejados es arreglar problemas, les costará mucho hacer progresos. Pero si tienen una visión atrayente de lo que quieren ser o en qué quieren convertirse, la probabilidad de que tomen decisiones complicadas y superen los cambios importantes será mucho más alta. En otras palabras: el punto de partida de todo cambio real es el interior de la persona.

La libertad en Cristo no es solo una nueva condición. Existe una obra interior que comienza cuando Cristo nos rescata. Hablamos de un proceso profundo en el alma que empieza en el momento en que recibimos a Cristo y que prosigue durante toda la vida. ¿Cómo sucede esto? Pablo declara que esta obra de libertad interior es la obra del Espíritu Santo.

> Porque el Señor es el Espíritu; y donde está el Espíritu del Señor, allí hay libertad. Por tanto, nosotros todos, mirando a cara descubierta como en un espejo la gloria del Señor, somos transformados de gloria en gloria en la misma imagen, como por el Espíritu del Señor (2 Corintios 3:17-18).

El "nosotros todos" del versículo 18 es otra manera de decir "muchos" (ver Marcos 10:45). Todos los que son libertados en el Señor son transformados en personas libres desde adentro hacia afuera. La libertad supone una transformación radical, que empieza con la conversión, pero va pasando de un grado de gloria al siguiente, hasta que vivimos la libertad plena, de cuerpo y alma, que tenemos garantizada por medio de Cristo.

¿Cómo sabemos si estamos experimentando esta nueva

libertad? ¿Qué aspecto tienen las personas transformadas? Pensemos en los seguidores de Jesús después de su resurrección. Esos eran los mismos discípulos que discutían por ocupar el primer lugar mientras iban hacia Jerusalén, los mismos discípulos que abandonaron a Jesús cuando más los necesitaba. Pero, después de la resurrección, sus corazones cayeron prisioneros del deseo de vivir como siervos de Dios. Casi todas las epístolas del Nuevo Testamento empiezan con una introducción donde el escritor se identifica como "siervo" de Jesucristo. La palabra griega es *doulos* que, en la época del Nuevo Testamento, se refería a los esclavos. Aunque algunos comentaristas han intentado suavizarla para que signifique solamente "obrero", la realidad es que un *doulos* era una persona que era propiedad de otra; en otras palabras, un esclavo. Dentro de una sociedad que le concedía una gran importancia a la autonomía personal, ser un esclavo, o identificarse con ese nombre, suponía darse a conocer como alguien a quien el mundo consideraba poco importante.

En su libro *Slave of Christ* [Esclavo de Cristo], el erudito bíblico Murray Harris analiza exhaustivamente la idea de que la redención lleva al creyente a una vida de servicio comprometido con el Señor (*Kyrios*) Jesucristo. Harris se pregunta cómo las personas que fueron testigos de la degradación que supuso la esclavitud humana a su alrededor estuvieron dispuestas a identificarse como esclavos e, incluso, a dejar que otros las trataran de esta manera.

> ...Aunque para los líderes cristianos *doulos* era un título honorífico, obtuvo su connotación positiva en los oídos de todos los cristianos porque el Maestro divino al que servían era amable y generoso, y él mismo tenía un historial ejemplar de servicio humilde. Lo que obtuvieron todos los *douloi* de este *Kyrios* al asociarse con él no fue tanto autoridad ni poder, sino un honor sin parangón y la seguridad de que su servicio, fuera cual fuera su

> naturaleza, tenía un valor supremo, simplemente porque lo hacían para *él.* [5]

Solo alguien que experimenta el poder de la gracia que transforma el corazón puede aceptar libremente el llamado a vivir como un siervo obediente de Cristo. Sabemos que Dios obra en nuestras vidas, liberándonos de nuestra antigua lealtad al pecado, cuando experimentamos el deseo creciente de hallar el gozo verdadero como siervos de nuestro Señor y Redentor Jesucristo.

EL CAMINO A LA LIBERTAD

¿Tienes dificultades para disfrutar de la libertad para la que has sido liberado? No estás solo. Todos formamos parte del mismo viaje. A veces, el camino de la libertad es un recorrido arduo. Jesús nunca dijo que sería una carretera lisa, pero que sea un camino duro no significa que no sea un viaje glorioso. El destino último es la libertad plena, completa y eterna en Cristo. Un teólogo lo expresó bien cuando dijo: "La redención es tan grande y vasta que su potencial pleno no se puede manifestar aquí y ahora. Para ello tendremos que esperar al reino venidero".[6]

La libertad del pueblo de Dios fue comprada al precio de la sangre de Cristo y está garantizada por su resurrección. Disfrutamos de esa libertad aquí, pero alcanza su plenitud en la era venidera. En el libro de Apocalipsis, vemos el cumplimiento pleno de esta promesa de redención.

> Y cantaban un nuevo cántico, diciendo: Digno eres de tomar el libro y de abrir sus sellos; porque tú fuiste

5. Murray Harris, *Slave of Christ* (Leicester, Apollos, 1999), p. 138.

6. Leon Morris, *The Atonement—Its Meaning and Significance* (Downers Grove, InterVarsity Press, 1983), p. 123.

> inmolado, y con tu sangre nos has redimido para Dios, de todo linaje y lengua y pueblo y nación; y nos has hecho para nuestro Dios reyes y sacerdotes, y reinaremos sobre la tierra (Apocalipsis 5:9-10).

En la era venidera, el Cordero redentor recibirá la adoración de quienes han sido rescatados para Dios. No quedará excluida ninguna tribu, lengua, pueblo o nación. Y todos serán sacerdotes del reino, siervos gozosos de nuestro Dios.

Amigos míos, ¡esta es la auténtica libertad!

Vamos a centrar nuestra atención en el modo en que esta libertad genuina opera para nosotros ahora, en medio de las trampas y las cadenas de esta vida. Descubriremos qué es lo que realmente atrapa a las personas en su búsqueda de la aprobación y de la comodidad, en patrones de escape perjudiciales, en matrimonios tóxicos y en las demandas de la cultura que las rodea. Pero no nos detendremos ahí. También veremos cómo el evangelio de la redención aporta una libertad clara y atractiva. Veremos cómo la verdad de la Palabra de Dios proporciona tanto visión como sabiduría práctica para el cambio. Veremos qué es lo que aparta a las personas de las trampas y las mantiene en el glorioso camino de la redención.

Sin embargo, antes de hacer todo esto, te ruego que te tomes un tiempo para reflexionar sobre lo que hemos visto en los dos últimos capítulos. Verás, no todo el mundo que está atrapado en la esclavitud del pecado busca la libertad. Muchos están bastante cómodos en sus trampas, porque se han adaptado a las cadenas que los retienen. Pero todo esto significa que no comprenden la situación peligrosa y eterna en que se hallan inmersos. ¡Por favor, no seas de esas personas! Fuera de Jesucristo, no hay libertad.

Pero para quienes han sido redimidos de la trampa del pecado mediante la sangre de Cristo, que es el rescate, existe una libertad gozosa que nunca acabará. Tal como proclamaba otro pastor puritano:

Quienes deben a Dios más de lo que podrían pagar aun si padecieran eternamente; quienes estaban bajo la temible condenación de la ley, en poder de Satanás, el hombre fuerte y armado; quienes estaban sujetos con tantas cadenas en su cárcel espiritual —con un entendimiento limitado por la ignorancia, una voluntad sometida a la obstinación, con corazones de impenetrable dureza, aferrados a mil vanidades que los tenían hechizados, que menospreciaban su condición de esclavos con tanto ahínco que se oponían a todos los medios de liberación—; para esas personas, ser puestas en libertad es la maravilla de las maravillas, y a los ojos de los creyentes será maravilloso para siempre.[7]

7. John Flavel, "The Method of Grace in the Gospel Redemption", de *The Works of John Flavel*, vol. 2 (Edimburgo, Banner of Truth Trust, 1997), p. 275.

Capítulo 5

LA TRAMPA DE LA APROBACIÓN

En el capítulo 1 conocimos a Elena. Ella se encuentra atrapada en la trampa de la aprobación. Ha construido su vida casi por completo en torno a las expectativas de otros. Empieza cada día con su mundo lleno del rostro, la voz o la opinión de alguien. Pregúntale qué espera de la vida o qué es más importante para ella, y te hablará de alguna otra persona. Lo que más importa a Elena es lo que sea más importante para "los otros" que hay en su mundo.

La trampa de la aprobación es compleja. Está construida con materiales que forman parte integral de quienes somos. Caminamos por la vida relacionándonos con otros porque somos seres sociales. Piensa en cuál es el grado de tu experiencia cotidiana que conlleva responder a las demandas, las necesidades, los actos, las actitudes y los roles de quienes te rodean. De forma natural, sabemos leer a las personas y responder a las señales que nos envían para ayudarnos a delimitar nuestro lugar en el mundo. Los investigadores de la conducta se centran en las "neuronas espejo" que hay en el cerebro y que, según parece, se activan cuando observamos la conducta de otros o la experimentamos. Las neuronas espejo son los interruptores fisiológicos de nuestros impulsos relacionales. Estos impulsos nos sintonizan con las indicaciones sociales que nos rodean. Los impulsos relacionales sanos nos permiten "jugar bien" con otros: llevarnos bien, hacer amistades, mostrar empatía, tolerar las diferencias, conocer el lugar que nos corresponde dentro de un grupo.

Sin embargo, ¿qué sucede si esos impulsos relacionales empiezan a controlar de manera perjudicial nuestra forma de vivir? ¿Qué pasa si el concepto que tenemos de nosotros mismos queda determinado por nuestra percepción de lo que piensan de nosotros los demás o por el lugar en que encajamos en el grupo social? ¿Qué pasa si, como Elena, permitimos hasta tal punto que las personas definan quiénes somos y cómo pensamos, nos sentimos y actuamos, que el "valor en bolsa" de nuestras vidas sube y baja dependiendo de las peticiones, las necesidades o las exigencias de alguien más? Entonces, estamos atrapados en la trampa de la aprobación.

Otro factor que hace que esta trampa de la aprobación sea complicada es que, en cierta medida, todos nosotros vivimos dentro de ella. Durante la adolescencia, la trampa de la aprobación se conoce como "presión social". Aunque esta presión de las personas de la misma edad puede tener su faceta oscura, normalmente se considera una parte normal y asumible del crecimiento. A medida que nos hacemos mayores, la trampa de la aprobación se conoce como "complacer a otros"; no es algo que nos gusta que nos defina, pero a uno lo pueden llamar de formas peores. También hay manifestaciones más nocivas. La codependencia, la necesidad compulsiva de que sea otra persona la que nos valore, fue un factor presente en la trampa de la aprobación que se puso de moda hace unos años. Actualmente, lo que llama mucho la atención es el concepto de la fobia social o trastorno de ansiedad social. Esta trampa tiende a ser más evidente, a controlar más la vida, y los afectados por ella desarrollan distintas aversiones físicas a diversos tipos de interacción social y relacional.

Una vez dentro de la trampa de la aprobación, nos quedamos

enganchados a las presuntas demandas de otros y a un anhelo insaciable de ser aceptados por ellos. Al mismo tiempo, dependemos de lo que piensen de nosotros los demás y tememos cuál sea su veredicto. A menudo, lo que alguien piense de nosotros es irrelevante: lo más importante es nuestra percepción. Por lo tanto, aprendemos a actuar de maneras que nos ayudan a sentirnos aprobados o, al menos, a evitar la sensación de rechazo por parte de otros.

En el caso de Elena, hizo falta el fracaso especialmente traumático de una relación sentimental para que hiciera un balance de la disfunción y del caos relacional de su vida. Con la ayuda de un consejero, con el tiempo pudo darse cuenta de hasta qué punto su deseo de la aprobación ajena había controlado su vida.

> Durante años me he escondido detrás de muros levantados para proteger mi imagen y evitar el sufrimiento en mi vida. Básicamente, *¡mentí!* Solo contaba lo suficiente de mis experiencias en la vida como para evitar quedar expuesta a la mirada de los demás si todo se venía abajo. Tenía que arreglar las cosas yo sola, tenía que hacerlo, no necesitaba ayuda, podía encontrar la manera y hacer que funcionara; llevo toda la vida jugando (y pagando el precio) al juego de "mantén las apariencias a toda costa", al que me introdujeron cuando era una niña. Nunca he contado a los demás toda la verdad sobre mis circunstancias. ¿Cómo me haría quedar eso? ¿Qué pensarían o harían? No lo entenderían. Volverían a rechazarme… Rodeada de catástrofes inminentes por todas partes, me venía abajo, pero solo cuando nadie estaba mirando. En mi calidad de actriz consumada, cuando tenía gente a mi alrededor todo era "¡luces, cámara, acción!". Era capaz de hacer lo que hiciera falta para encajar con los demás.

No me cuesta identificarme con Elena. Mientras iba creciendo, me vi atrapado en la trampa de la aprobación y ni siquiera me di cuenta. Mis recuerdos más claros de la escuela primaria se centran en las comparaciones constantes. Daba igual que comparara las fiambreras para el almuerzo o que deseara encajar en el patio de juegos: siempre me estaba comparando con alguien que parecía muy popular o atractivo. Cuando pasé a la enseñanza secundaria, ya había desarrollado una estrategia consciente para obtener y conservar la aprobación de otros. Era un plan que tenía tres bases: (1) No hacer enemigos; (2) No destacar; y (3) No ser visto con las personas equivocadas. Y la verdad es que viví así. Quería gustar a otros, poder entrar en cualquier grupo social o en cualquier situación, y sentir que encajaba. Construí mi propia trampa de la aprobación a base de recurrir a una campaña incesante para obtener la aceptación social.

¿Qué me dices de ti? ¿Qué aspecto tiene tu trampa de la aprobación? ¿Es un plan consciente para labrarte un lugar de aceptación, como el mío? ¿Es la disposición a adaptarte para encajar en las presuntas demandas de los demás? ¿Se trata de una tendencia a sobrevalorar la aprobación o el afecto de otra persona? ¿Aspiras a ser popular? ¿Temes el rechazo? ¿Gobiernan tu vida las opiniones de otros? ¿Vives con el temor de que no estarás a la altura de algún estándar de conducta o de aspecto, que no serás "atractivo" en el mundo que te rodea? ¿Te gustaría verte libre de la trampa de la aprobación? Hay una vía de escape.

EL TEMOR DEL HOMBRE ES UN CEPO

La Biblia nos hace un gran favor al describir la trampa de la aprobación como lo hace. Las Escrituras la llaman "el temor del hombre". ¿Por qué nos resulta útil esto? Al definir la trampa de la aprobación como el temor del hombre, podemos empezar a desmantelarla desde adentro hacia afuera. Un estupendo punto de partida son las sencillas palabras de Proverbios 29:25:

El temor del hombre pondrá lazo;
Mas el que confía en Jehová será exaltado.

Este breve versículo nos da la clave para liberarnos de la trampa de la aprobación. Podemos temer al hombre o confiar en el Señor. El consejero Ed Welch expresa bien la realidad de esta elección.

> Todas las experiencias del temor del hombre tienen al menos un denominador común: la gente es grande. En nuestras vidas, han adoptado un tamaño propio de los ídolos. Nos controlan. Dado que en nuestro corazón no hay lugar para adorar a Dios y a las personas al mismo tiempo, siempre que las personas son grandes, Dios no lo es.[1]

En la vida de Elena, las personas siempre han sido grandes. Sus padres tuvieron una tremenda influencia, marcando el estándar para que ella se sintiera segura y valorada desde la primera infancia. Que sus hermanos pudieran cumplir esos estándares intensificó aún más su sensación de ser una fracasada cuando no estuvo a la altura. Descubrió un grupo donde se sintió aceptada, pero la cultura grupal la absorbió y se volvió indistinguible en él. Cuando el grupo se fragmentó, volvió a quedarse sola, de modo que buscó la identidad y la aceptación en lo que pensaba que era el amor romántico. Pero también eso era una trampa, y su corazón se rompió una y otra vez a manos de hombres que sacaron de ella lo que necesitaban y luego siguieron con sus vidas.

Elena había crecido sin un entendimiento de Dios, de modo que solo conocía la "grandeza" de las personas. Leyó montones de libros sobre la autoimagen. "Lo que siempre leía era que tenía la

---

1. Edward T. Welch, *When People Are Big and God Is Small* (Phillipsburg, P & R Publishing, 1997), p. 95.

necesidad de ser asertiva. Necesitaba poner límites en las relaciones, y amarme a mí misma por encima de todo. Pero me parece que lo único que hago es vivir en un estado de alerta constante para no encontrar personas tóxicas. Cuando dedicas todas tus energías a protegerte, eso te cansa y te envejece. Y te hace sentir sola".

Protegernos de otros no nos libera del temor del hombre. La trampa de la aprobación no se puede desactivar gestionando las "influencias de otros" a nuestro alrededor. Según Proverbios, la respuesta no radica en administrar nuestras relaciones, sino en el cambio en nuestro corazón. La liberación de la trampa que es el temor del hombre exige "confianza en el Señor". El temor del hombre se arraiga cuando tomamos lo que pertenece a Dios (nuestra confianza permanente, nuestra devoción y nuestra disposición a que nuestras vidas giren en torno a su voluntad para nosotros) y se lo entregamos a otros. Cuando adoramos a las personas, les exigimos que sean algo que no pueden ser: absolutamente confiables, buenos e infalibles. Nadie puede alcanzar este estándar ni cargar con ese peso. Inevitablemente, incluso las personas bienintencionadas nos decepcionarán, porque las habremos convertido en pequeños dioses, y los diosecitos se quedan cortos frente a lo que les pedimos que hagan por nosotros.

¿De dónde procede la confianza en el Señor? Nace de la fe, de creer que Jesús nos libera de la falsa adoración de otros, para que podamos entrar en la verdadera adoración de Dios. La respuesta para Elena no radica en la autoprotección ni en el amor por uno mismo. Radica en permitir que Jesús nos libere del temor del hombre y nos lleve a la seguridad de que somos propiedad de Dios y contamos con su aprobación eterna. Elena necesita esta libertad, y nosotros también.

EVITANDO LA TRAMPA

En el Nuevo Testamento, tenemos un gran ejemplo de esto. Quizá en la Biblia nadie haya entrado y salido de la trampa del temor del hombre más veces que Pedro, el discípulo. A lo largo del ministerio terrenal de Jesús, Pedro se reveló como un líder nato. El propio Jesús eligió a Pedro como ejemplo de la fe sobre la que se edificaría la Iglesia (Mateo 16:13-20). Pero, junto a este liderazgo, estaba el respeto por otros, que lo llevó a osadas declaraciones de su propia importancia. Por eso mismo, Jesús lo reprendió: "No pones la mira en las cosas de Dios, sino en las de los hombres" (Mateo 16:22-23). La negación triple de Pedro, cuando dijo que no conocía a Jesús, durante el juicio al que este fue sometido, supone el ejemplo más trágico del temor del hombre en toda la Biblia. Pero Pedro recibió el perdón del Cristo resucitado y el poder del Espíritu. Durante su conversión transformadora, empieza a ver la victoria sobre su deseo de la estima de otros. Cuando se dirige a la multitud el día de Pentecostés, manifiesta una confianza dinámica en Dios frente a un público escéptico (Hechos 2:1-41). Más tarde vemos la osadía redimida de Pedro delante del Sanedrín, cuando a los apóstoles se les ordena que dejen de predicar el evangelio y Pedro contesta: "es necesario obedecer a Dios antes que a los hombres" (Hechos 5:29).

La vida de Pedro fue transformada, pasando del temor del hombre a la confianza valiente en el Señor. Sabía que había sido rescatado de sus caminos vanos por la preciosa sangre de Cristo (1 Pedro 1:18-19). Pero la historia de Pedro nos recuerda también que incluso alguien que confía en el Señor puede volver a verse encadenado por el temor del hombre. El apóstol Pablo escribe en Gálatas que Pedro fue reprendido justamente, porque "temía a los de la circuncisión" que estaban en Antioquía, y como resultado de ello puso en peligro sus principios (Gálatas 2:11-14). Sin embargo, al final, si evaluamos la vida, la enseñanza y el martirio de Pedro, vemos a un hombre que confió en el Señor y encontró la liberación última del temor del hombre.

Mi propia conversión a la fe en Cristo se vio marcada por una repentina y profunda liberación del temor del hombre. Desde el primer día de mi caminar con el Señor, experimenté el choque con todas mis relaciones íntimas, tanto que mis amigos no podían comprender mi súbito cambio. Algunos se mostraron resentidos porque ya no quería ir a las fiestas con ellos, como solía hacer antes. Otros, sencillamente, estaban "no disponibles" cuando los llamaba por teléfono. Eso me dolió, pero la pérdida de estatus en mi mundo anterior fue un pequeño precio por la libertad en Cristo. También descubrí que mis ojos y mi corazón se abrían a personas de las que antes ni me hubiera apercibido. Sentía compasión por los que no encajaban. No me importaba con quién me vieran (o con quién no me vieran). Cuando puse mi confianza en el Señor, encontré seguridad frente al temor del hombre.

No obstante, el cepo nunca está lejos. Sigo apreciando el respeto de aquellos a quienes admiro. Aún quiero ser popular y gustar a otros. Si pudiera elegir, buscaría relaciones que me hicieran sentir bien conmigo mismo y evitaría aquellas que requirieran que me negara a mí mismo. Esto es algo que siento casi cada día debido a mi condición de pastor. Los beneficios del ministerio tienden a ser relacionales y a estar vinculados con el estatus social, de modo que son una tentación constante para recaer en el temor del hombre. El temor del hombre es letal para todo ministerio cristiano verdadero. Es mortal para cualquier empresa importante en la vida. Si no estamos atentos para detectar el lazo que supone el temor del hombre, podemos perder de vista lo que es más importante en nuestra vida: pertenecer a Cristo. Tal como dice Murray Harris: "La esclavitud a los caprichos y a los deseos de las personas, a sus peticiones y demandas, pone en peligro el llamado anterior y exclusivo de Cristo, que es obtener la devoción absoluta del cristiano. Cualquier esclavitud a las personas supone un rechazo de la esclavitud a Cristo".[2]

2. Murray Harris, *Slave of Christ* (Leicester, Apollos, 1999), p. 101.

Si te consideras cristiano, ¿tienes alguna tendencia que revele una vulnerabilidad persistente al temor del hombre? ¿Conoces la diferencia entre la trampa de la aprobación y el deseo saludable de hacer amigos, de encajar y de que otros piensen bien de ti? Lo que es más importante, ¿sabes cómo escapar del cepo del temor del hombre para alcanzar la libertad y la seguridad mediante la confianza en el Señor? La trampa de la aprobación puede ser una red cotidiana, y debemos resistirnos a ella mediante un hábito diario. La confianza en el Señor no es un remedio para una sola vez; es un estilo de vida seguro. Déjame que te exponga dos proyectos para toda la vida, que te ayudarán a resistirte al temor del hombre y te mantendrán lejos de la trampa de la aprobación.

VIVE COMO SI CRISTO TE HUBIERA COMPRADO

En capítulos anteriores, descubrimos que ser comprados para ser libres no significa que se nos haya concedido la autonomía personal. La redención nos libera de la esclavitud del pecado y nos convierte en la propiedad amorosa de Dios. Quienes viven con la consciencia, la gratitud y el asombro cotidianos por haber sido elegidos y aceptados por Dios en Cristo descubrirán, como dijo una vez George Whitefield, que "el temor del hombre se desvanece día a día".[3]

¿Qué diferencia supondría esto para alguien como Elena? ¿Crees que la ayudará la próxima vez que un hombre quiera enredarla en la telaraña de sus deseos? ¿Y si ella fuera capaz de enfrentarse a la tentación de sumergir su identidad en una relación romántica, si se diera cuenta de que ningún hombre tiene un derecho inherente sobre ella, porque ese derecho solo pertenece a Dios? ¿Y si lograra responder a las propuestas de los hombres sabiendo que ella no necesita su amor, dado que el amor de Cristo ha sido derramado en

3. George Whitefield, *The Works of George Whitefield, Vol. 4* (Google Books, 2012), p. 355.

su corazón por medio del Espíritu Santo (Romanos 5:5)? Sabiendo que pertenece a Dios, ella podría empezar a buscar su voluntad para su vida, no la voluntad de un hombre, un grupo o su familia. Podría descubrir una dignidad y un propósito que no necesitara la validación de otros. Y, en lugar de levantar barreras para protegerse a sí misma, podría aprender a amar a otros, sabiamente y como sacrificio, para fomentar el bienestar de ellos en Cristo, quedando ella libre de la necesidad de ser aprobada o apreciada. Podría reconstruir las relaciones con su familia desde una apreciación madura de quiénes son esas personas, porque sabría quién es ella en Cristo. Siendo propiedad de Dios, Elena aprendería a confiar en el Señor y a experimentar la seguridad que Él proporciona.

¿Dónde aprendería Elena este estilo de vida como propiedad de Dios y dónde podría practicarla? Los pensamientos y los sentimientos de Elena se han distorsionado por completo debido al temor del hombre. Se obsesiona con lo que otros piensan de ella. Como dijo Welch, las personas son grandes, y Dios no lo es. ¿Cómo puede cambiar eso? Una manera de hacerlo es por medio de las prácticas espirituales cotidianas de la oración y la lectura de la Biblia. Dedicar un tiempo cada día a reflexionar sobre la Biblia y a orar constituye por sí mismo un acto de confianza en el Señor. Es una declaración del derecho de propiedad de Dios sobre nosotros, y de nuestra necesidad de su Palabra y de su gracia si queremos vivir libres del temor del hombre. Cuanto más conforme la Palabra de Dios nuestra comprensión de quiénes somos y cómo debemos vivir, menos desempeñarán ese papel las expectativas de otros. Y la oración es el terreno donde participamos activamente en la batalla en nuestros corazones sobre lo que otros piensan y quieren de nosotros. Por medio de la oración, alineamos nuestras voluntades con la de Dios (Jesús nos dijo que oremos "hágase tu voluntad" en Mateo 6:10), y eso elimina eficazmente la voluntad de otros como la influencia definitoria en nuestras vidas.

En este mundo teocéntrico, todos necesitamos ver a otros en la proporción correcta. Tenemos que vernos a nosotros mismos como libres de los demás, pero propiedad de Dios. Las disciplinas espirituales son prácticas cotidianas de esa realidad.

VIVE COMO SI ENCAJARAS DENTRO DEL PUEBLO DE DIOS

Veamos una manera sorprendente para mantenerse lejos de la trampa de la aprobación. Procede de mi propia experiencia desde que reconocí a Cristo como mi Salvador. Nada ha hecho más para ayudarme a vivir con personas sin temerles, que mi participación en una comunidad eclesial. Y nada ha hecho más que la iglesia para enseñarme a confiar en el Señor en todas mis relaciones.

A lo mejor, la experiencia que has tenido en tu iglesia hace que no te inspire confianza lo que te estoy diciendo. Lo comprendo. Todos sabemos lo superficiales que pueden parecer los miembros de una iglesia. Hemos visto a muchos que ponían "cara de iglesia" cuando entraban en el edificio. Las camarillas en la iglesia pueden parecerse a las camarillas que vemos en cualquier otro entorno. Durante nuestras reuniones, hablamos del amor y de la hermandad, pero en cuanto salimos de ellas es posible que vivamos con actitud condenatoria y con favoritismos. Por tanto, ¿cómo puede ayudarnos una iglesia a mantenernos fuera de la trampa de la aprobación?

Primero, recordemos lo que es en esencia una iglesia. No es un club, un grupo social o una organización. Una iglesia local es el pueblo redimido de Dios, que vive en la comunidad del evangelio y cumple su misión bajo el cuidado pastoral de Jesucristo, el Señor de la Iglesia (ver 1 Pedro 2:9-10; 5:1-4). Aunque no hay iglesias perfectas, esto es lo que es en esencia una verdadera iglesia. Los problemas dentro de ella se producen no por lo que es, sino por quiénes hay en ella. Esos "quiénes" somos tú y yo, pecadores comprados por la sangre de Cristo para ser libres e insertos en una comunidad, con el fin de cumplir los propósitos de Dios. Él forma discípulos por medio del ministerio de la iglesia; manifiesta su presencia en ella y, por medio del testimonio de ella, atrae a sí a los perdidos gracias a la actividad de las iglesias.

Si no entiendes así tu experiencia en la iglesia, déjame pedirte que pruebes hacer una cosa. ¿Y si te fijas una meta para superar el temor del hombre por medio de la participación en la iglesia? ¿Qué podrías hacer al respecto? Quizá algo parecido a esto:

Te despiertas un domingo por la mañana y, en lugar de pensar en qué necesitas de Dios esa mañana (aunque eso no tiene nada de malo), le pides que te ministre como alguien que forma parte de una congregación. Cuando entras en la iglesia, no buscas enseguida a tus amigos o los rostros conocidos. En lugar de eso, buscas a alguien que sea nuevo, a alguien que no conozcas. Te presentas y, quizá, te conviertas en el primer contacto que tenga esa persona en la iglesia. Durante el culto, cada vez que sientas que te estás comparando con otros, o te sientas tentado a juzgar a otros porque te parece que ponen "cara de iglesia" y no parecen sinceros, te resistes a la tentación. Recuerdas tu propia cara de iglesia. Recuerdas que hay más cosas que te asemejan a otros de las que te diferencian de ellos. Das gracias a Dios por la gracia redentora que los ha reunido a todos. Mientras cantas, resistes la tentación de preguntarte qué aspecto tienes o si cantas bien, y te centras en las verdades que cantas. No evalúas al predicador ni el sermón; más bien, escuchas para entresacar una o dos cosas que te ayuden a amar más a Dios y a los demás. Después del culto, en lugar de relacionarte inmediatamente con las personas que te gustan, buscas a un hermano o hermana que pudiera necesitar una oración o una palabra de ánimo.

Esta forma distinta de actuar en la iglesia empieza a afectar otros ámbitos en los que te mueves. Acudes a un grupo reducido con intención de ministrar, no solo de relacionarte con tus amigos o de recibir un ministerio. Cuando estás en el grupo, piensas: *¿Cómo puedo contribuir a que esta interacción sea de bendición para todos?*, en lugar de intentar que satisfaga tus propias necesidades. Respetas a los líderes de la iglesia, pero no permites que el deseo de sentirte aprobado por ellos modifique tu manera de tratarlos. Cuando ves a amigos que viven de manera incoherente con la fe que profesan, te arriesgas a molestarlos diciéndoselo y les ofreces una corrección amorosa. Si alguien que te parece menos dotado que tú recibe un ministerio más importante, te recuerdas que todos somos siervos de Cristo. Te regocijas con esa persona y te comprometes a fomentar su éxito. Te ofreces libremente a otros sin esperar nada a cambio.

Ya empiezas a captar la idea. ¿Te das cuenta de cómo la iglesia constituye un entorno ideal, tanto en sus puntos fuertes como en sus debilidades, para ayudarte a aprender cómo confiar en el Señor y superar el temor del hombre? No hay ningún otro lugar donde el evangelio de la redención se proclame tan frecuentemente, y donde pueda abordarse tan constructivamente el esfuerzo que supone aprender a confiar en Dios y no temer al hombre. La iglesia local es un grupo de individuos que pertenecen a Cristo y que procuran vivir esa confianza en Cristo y el amor por el prójimo. Ese es el tipo de lugar donde muere el temor del hombre.

LA REDENCIÓN Y LA TRAMPA DEL MALTRATO EMOCIONAL

Antes de concluir este capítulo, quiero hablar concretamente sobre una terrible consecuencia de la trampa de la aprobación. Estoy hablando del maltrato emocional (algunos usan la expresión "maltrato psicológico"). No voy a hablar de las relaciones donde los malos tratos son físicos, porque ese es un tema que no puedo tratar adecuadamente en estas líneas. Pero existen circunstancias y relaciones donde una persona (o personas) puede ejercer un grado injustificado de control sobre otros por medio de la manipulación del miedo o del afecto. Este maltrato emocional es una forma particularmente peligrosa de la trampa de la aprobación.

El maltrato emocional es posible en toda relación continuada. Lo que resulta especialmente problemático es que la persona maltratada a menudo no se da cuenta de la trampa en la que está metida. Los patrones de maltrato emocional suelen aparecer sutilmente con el paso del tiempo. Lo que antes fue una "necesidad de respeto" puede convertirse en la exigencia de que otros nos sirvan. Además, existen pocos episodios traumáticos externos que saquen a la luz los malos tratos emocionales. Los involucrados en la situación, e incluso la persona maltratada, pueden adaptarse a los patrones del maltrato y no percibir ninguno de los indicadores que avisan que se está produciendo. Quizá, lo que es más revelador, las personas que son maltratadoras emocionales desarrollan instintos muy agudos para controlar a otros mediante una serie de estrategias a las que recurren cuando sienten necesidad de ello.

Por ejemplo, un individuo que práctica el maltrato emocional puede manifestar una actitud de gran necesidad emocional, usando la compasión de la víctima para hacerla caer en una situación agobiante: creer que es responsable del bienestar del maltratador. Pero si la víctima empieza a afirmar un sentido de su identidad fuera de la relación, la persona maltratadora puede reaccionar con rabia o con celos, usando el miedo y la culpabilidad para volver a aprisionar a la víctima. Las acusaciones, los comentarios despreciativos y el aislamiento son algunas tácticas frecuentes en el maltrato emocional. Pueden usarse las tácticas de control más adaptadas a las vulnerabilidades de la víctima: amenazas de autolesionarse, vagas promesas de abandonarla, el rechazo o la retribución, todo para hacer que la víctima siga dependiendo del maltratador y siga sujeta a sus deseos. El resultado es el control manipulador de una persona por parte de otra, que es una trampa de la aprobación tóxica y destructiva.

Con el transcurso del tiempo, Elena se dio cuenta de que era especialmente susceptible al maltrato emocional. Estaba demasiado dispuesta a adaptar su personalidad a las atenciones intensas de otra persona. Odiaba tanto la posibilidad de que la rechazaran, que hacía prácticamente cualquier cosa por mantener una relación. Como la mayoría de las víctimas del maltrato emocional, se perdía en la órbita de otra persona y no era consciente de lo prisionera que estaba. No era ella quien perpetraba el maltrato; era la víctima. Pero las víctimas son vulnerables a los maltratadores, y durante años Elena permitió que el ciclo del maltrato definiera su vida.

Si eres o has sido víctima del maltrato emocional o del control opresivo de otros, te ruego que dediques un tiempo para meditar cuidadosamente en lo que diré ahora: no perteneces a nadie. Nadie tiene derecho a determinar quién eres, qué piensas, sientes, haces, dices o con quién decides relacionarte en tu vida. El poder para actuar sobre esta creencia no saldrá de tu interior. La liberación de la trampa del maltrato emocional comienza cuando aceptas la libertad que obtienes gracias a tu condición como propiedad de Cristo. En el evangelio, si has sido víctima del maltrato, puedes hallar la libertad porque:

- Has sido liberado de la necesidad de complacer y satisfacer a otros, porque tu identidad no se fundamenta en la aprobación que hagan otros de tus actos, sino en la aceptación de Dios basada en los actos de Cristo. Por consiguiente, nadie tiene derecho a definirte o a exigirte que te adaptes a lo que quiere que seas.
- Tu responsabilidad de amar, obedecer y servir a Dios determina y define todas tus otras relaciones. Amamos no porque otros nos lo exijan, sino porque Cristo nos amó primero (1 Juan 4:10-11). Por lo tanto, nadie tiene derecho a decirte qué tipo de relación tienes que mantener con él o con ella.
- Toda necesidad de que te subordines en cualquier relación

queda limitada por el llamamiento primario que has recibido, que es escuchar a Cristo y obedecerlo. Por consiguiente, primero y por encima de todo eres responsable ante Dios. Nadie tiene la llave de tu vida, excepto Dios.

- Dios es tu dueño, pues te ha comprado con la preciosa sangre de Jesús. No mereces su amor, no te lo ganaste y no puedes perderlo. Esto es lo más importante y lo más hermoso de tu vida. Por lo tanto, no permitas que nadie te lo robe mediante las exigencias emocionales y la manipulación. Amar a otros no significa hacerlos felices o conseguir que estén satisfechos. Significa amar a Dios y pedirle que te ayude a amar a otros de maneras que contribuyan a los propósitos divinos en las vidas de ellos.

Si conoces a personas que pueden estar en una situación de maltrato emocional, acércate a ellas con el evangelio de la redención. No intentes controlarlas para sacarlas de una relación que ya las controla. Ayúdalas a que vean quiénes son, o pueden ser, en Cristo. Ayúdalas a discernir qué aspecto tiene la obediencia a la Palabra de Dios. Respáldalas si deciden apoyarse en la Biblia para resistir. Trazar límites pertinentes no produce una sensación agradable, y es posible que no lo hagan bien. Pero los individuos que toman la difícil decisión de seguir a Cristo a pesar de la manipulación emocional tienen que saber que existe un lugar donde estarán a salvo. Necesitan estar rodeados de personas que admitan sus vulnerabilidades y no ejerzan una influencia indebida sobre ellos. Tú puedes ser una de esas personas. Tu iglesia puede ser un lugar así.

LIBRES, A SALVO Y SEGUROS

¿Tienes problemas con la trampa de la aprobación? Yo sí, sin duda. En ocasiones, todos somos como Elena. El cepo nunca anda lejos.

Pero quienes son libres en Cristo son libres de verdad. Tal como declaró en cierta ocasión Charles Bridges, un pastor del siglo XIX:

> El miedo nos mete en la trampa. La fe nos da la libertad, la seguridad, la exaltación. ¡Oh! Dios de poder y de gracia, ¡que mi alma te alabe por esta poderosa liberación, esta gozosa libertad! ¡Que nunca me avergüence de mi Señor! ¡Que esté comprometido con su pueblo y me gloríe en su cruz![4]

4. Charles Bridges, *Commentary on Proverbs* (Carlisle, Banner of Truth Trust, 1998), p. 587.

Capítulo 6

LA TRAMPA DE LA PEREZA

Andrés está atrapado en la trampa de la pereza. Comparada con otras trampas de las que hablaremos más adelante, la trampa de la pereza puede parecer bastante inofensiva. Pero, a su propia manera, atrapa y controla a las personas mediante hábitos que duran décadas y que pueden destruir el potencial de la vida. Tal como la describió un escritor: "La pereza va creciendo en las personas; empieza como el hilo de una telaraña y acaba siendo una cadena de hierro".[1] Todo el que esté sujeto en la trampa de la pereza conoce su lado oscuro, el insidioso desespero de los remordimientos. Una vida de sueños sin cumplir, de planes fracasados, de seres queridos decepcionados. Confieso algo: conozco por dentro y por fuera la trampa de la pereza. Durante años desperdicié dones y oportunidades por buscar la comodidad y la vida fácil. Me identifico con Andrés. Sé que muchos de ustedes también lo hacen. Es fácil caer en la trampa de la pereza y resulta muy difícil escapar de ella. La historia de Andrés es la mía propia.

---

1. Atribuido a sir Matthew Hale en *Day's Collacon: An Encyclopedia of Prose Quotations*, ed., Edward Parsons Day, publicado en 1883 y disponible en Google Books, p. 497.

Si hubieras visto mi vida con el correr de los años, puede que no hubieras dicho: "Este hombre es un perezoso". Era un pastor ocupado que trabajaba seis días a la semana, atendiendo las necesidades de cientos de personas, una tarea unida a las labores administrativas cotidianas que suponen dirigir una iglesia, sin una sola posibilidad de relajarme jugando al golf. Estaba casado y tenía cuatro hijos, y hacía malabares con las agendas contrastadas de las actividades de la iglesia, el colegio, los deportes y la vida del hogar y la familia. Visto desde fuera, yo podía parecer ocupado, incluso productivo, pero la trampa de la pereza se había colado en mi vida cotidiana.

Si hubieras entrado en la celda carcelaria de mi pereza, habrías visto el caos de una vida entregada a los aplazamientos. Sobreviví a la universidad porque los únicos detalles de la clase que eran importantes se centraban en las fechas de entrega y los días anteriores a ellas. La dilación, una señal reveladora de la pereza, es una frontera que he dedicado un tiempo a explorar. A las personas perezosas les gusta la comodidad y las cosas fáciles. Durante la era cristiana primitiva, los monjes solían hablar del "demonio del mediodía", la tendencia a procurar relajarse y no hacer nada cuando deberían estar trabajando. Conozco bien al demonio del mediodía. En mi casa, tengo *dos* sillones reclinables favoritos, y uno está junto a mi cama.

Los perezosos no prestan atención al tiempo. Puedo distraerme y perderme en mis pensamientos en medio de un atasco de tráfico o durante el retraso de un avión y no ser consciente de que ha pasado el tiempo. No me resulta difícil identificarme con la descripción de sí mismo que hacía Mark Twain: "He visto personas más lentas que yo, y más pausadas... e incluso a individuos más callados, más despistados y más perezosos que yo. Pero todos estaban muertos".[2]

La primera vez que fui consciente de mi pereza fue cuando estaba leyendo sobre un animal, el perezoso (que me reveló una

2. Mark Twain, citado por James Edward Caron en *Unsanctified Newspaper Reporter* (Columbia, The Curators of the University of Missouri, 2008), p. 287.

visión de mi inacabable capacidad para relajarme). Descubrí que lo que hace mejor un perezoso es dormir. A mí me encanta dormir; de hecho, es posible que sea lo que haga mejor. Soy capaz de dormir casi en cualquier sitio y a cualquier hora. Una vez hice el experimento de ver hasta qué punto podía estar cómodo en la butaca del dentista. Lo siguiente que supe es que me había quedado dormido *¡a pesar del sonido del torno dental que tenía dentro de la boca!* Pero volvamos al perezoso. La única vez que se mueve es cuando el hambre se vuelve más fuerte que el deseo de dormir. ¡Es lo mismo que me pasa a mí! Si nadie los molesta, los perezosos no son desagradables. Compruébalo. Tienen un sentido del olfato muy desarrollado, pero no oyen bien. Mi esposa lo ha comprobado. La principal defensa del perezoso contra los depredadores es su inactividad casi constante. Cuando están en su hábitat, a menudo los confunden con un montón de hojas secas. Sin querer, descubrí la respuesta a la pregunta típica de las fiestas: "Si fueras un animal, ¿cuál serías?".

Percibiendo la incitación incómoda del Espíritu Santo, decidí estudiar el tema de la pereza. En mi estudio, me encontré con algunos términos que desconocía. Mi espíritu animal y arborícola recibió su nombre precisamente por la lentitud de sus movimientos. La pereza se ha definido como "la falta de disposición hacia el esfuerzo". A la persona perezosa también se la puede llamar "haragán". Entre los sinónimos, se cuentan apelativos tan poco favorecedores como "vago", "cachazudo", "gandul", "zángano" y "remolón". Junto a estos sinónimos peyorativos encontré términos maravillosamente descriptivos, como "indolencia" (que no duele y es relativamente amable), "inercia" ("que carece de la capacidad inherente de acción, movimiento o resistencia"; ¡lo digo por experiencia!) y mi favorito, "torpor" o "modorra" (que significa "indiferencia letárgica"). Confieso que he vivido sumido en el torpor. Pero todavía no era consciente del gran problema que reviste.

AL PEREZOSO TODOS LO QUIEREN

Creo que he descubierto algunos motivos por los que la pereza no aparece en el radar de las disfunciones. De entrada, los perezosos raras veces provocan un conflicto. Nunca verás a un perezoso vociferar, atacar verbalmente a nadie o formular exigencias escandalosas. El conflicto no es más que algo que hay que evitar a toda costa. Prefiero dejarte ganar en una discusión que hacer el esfuerzo de ganarla yo.

Además de esto, el perezoso es, casi por definición, inconsciente de sus problemas. Los haraganes son artistas consumados del escapismo. Si ves a un perezoso, te encontrarás con un individuo que tiene una capacidad y un deseo extraordinariamente desarrollados de disfrutar del ocio y de la diversión. La capacidad de transformar el estrés en una distracción puede resultar útil de ciertas maneras. Yo no me preocupo mucho. No tiendo a guardar rencor... supone demasiado esfuerzo. Pero puedo ser muy inconsciente de las necesidades de otros. La trampa de la pereza nos anestesia y damos por hecho que todo lo que nos rodea marcha bien, o al menos andará bien si lo eludimos lo suficiente. Es imposible ser perezoso sin ser inherentemente egoísta. Empezaba a detectar el problema, pero aún no era consciente del poder destructivo de esta trampa.

LA RUINA EXTERIOR DE LA VIDA DEL PEREZOSO

Consulté la Biblia para conocer mejor mis tendencias hacia mi holgazanería. Las Escrituras, sobre todo el libro de Proverbios, hablan con una franqueza penetrante sobre la trampa de la pereza. Lo primero que descubrí es que casi todos los proverbios relacionados con la pereza o la holgazanería aparecen más de una vez. Probablemente, esto sea una pista que nos indica lo insensibles que puede volvernos la pereza.

El perezoso, el vago, es un personaje familiar en el libro de

Proverbios. Es una figura tragicómica, como puedes constatar en este grupo de sentencias:

> Dice el perezoso: El león está en el camino;
> El león está en las calles.
> Como la puerta gira sobre sus quicios,
> Así el perezoso se vuelve en su cama.
> Mete el perezoso su mano en el plato;
> Se cansa de llevarla a su boca
> (Proverbios 26:13-15).

Al perezoso se lo contrasta a menudo con el diligente, cuya actividad se caracteriza en Proverbios una y otra vez como expresión de sabiduría. Tal como dice el experto en Antiguo Testamento, Tremper Longman: "En Proverbios, la pereza se entiende como la máxima expresión de la conducta necia".[3] El libro de Proverbios no ofrece esperanza para el perezoso. Este se ve abocado a una vida de necia improductividad y de proyectos irrealizados. Su vida tiene poca importancia para los demás, excepto quizá como molestia o como ejemplo de lo que no hay que hacer.

El haragán es un necio que camina de un lado para otro, sin rumbo y con una gran lentitud. Y aquí es donde las cosas empiezan a ser preocupantes. En la Biblia, la necedad es una categoría del pecado, una expresión de la vida donde no existe temor de Dios. Por lo tanto, el perezoso está cargado con algo más que con su egoísmo; lleva el peso del pecado. La trampa de la pereza es mucho más letal espiritualmente de lo que podamos imaginar.

Si examinas algunos proverbios concretos relacionados con la pereza, verás el perjuicio a largo plazo que provoca una vida encerrada en esta trampa. Reflexiona sobre el siguiente conjunto de proverbios y sobre las consecuencias que tienen para tu vida.

---

3. Tremper Longman III, *How to Read Proverbs* (Downers Grove, InterVarsity Press, 2002), p. 122.

EL PERJUICIO DE LA IMPRODUCTIVIDAD

> El alma del perezoso desea, y nada alcanza;
> Mas el alma de los diligentes será prosperada
> (Proverbios 13:4).

> El perezoso no ara a causa del invierno;
> Pedirá, pues, en la siega, y no hallará
> (Proverbios 20:4).

Esta es otra manera de enfocar la falta de resolución. Si eres de las personas que siempre aplazan las cosas pendientes, conoces la experiencia de rebajar tus estándares cuando no consigues hacer lo que te proponías. Ya sabes lo que es inquietarse por los "podría ser, debería ser, habría sido" de la vida. Sabes lo que es llegar a la época de la siega y no tener nada.

EL PERJUICIO DE LA INCONSTANCIA

> El camino del perezoso es como seto de espinos;
> Mas la vereda de los rectos, como una calzada
> (Proverbios 15:19).

> El deseo del perezoso le mata,
> Porque sus manos no quieren trabajar
> (Proverbios 21:25).

¿Eres de quienes evitan las presiones? Uno de los rasgos que detecté en mi persona fue el tipo de vida que llevaba: mucho correr, pero sin llegar a la meta. Siempre estaba haciendo resoluciones, pasando nuevas páginas, arremangándome, pero pocas veces veía algún cambio. Empecé a darme cuenta de que mis esfuerzos, potentes pero breves, iban destinados principalmente a alejar lo máximo posible aquello que me estuviera presionando, de modo que pudiera regresar al ritmo habitual en mi vida perezosa.

EL PERJUICIO DE LA INFIDELIDAD

> Como el vinagre a los dientes, y como el humo a los ojos,
> Así es el perezoso a los que lo envían
> (Proverbios 10:26).
>
> En su propia opinión el perezoso es más sabio
> Que siete que sepan aconsejar
> (Proverbios 26:16).

¿Tu pereza tiende a tener un "efecto Andrés" sobre otros? Si estás casado o casada, ¿ha adoptado tu cónyuge la práctica de hacerlo todo a solas en su vida contigo? Si eres padre o madre, ¿se han acostumbrado tus hijos a aceptar que "tu intención era buena" para disculpar lo que debería haber sido un "buen trabajo"? ¿Las personas a tu alrededor han rebajado sus expectativas sobre lo que has prometido hacer? Esto no es ni mucho menos un crimen sin víctimas: la pereza erosiona rápidamente la confianza que otros tienen en nosotros. Al hacerlo, marchita también el potencial de nuestra influencia piadosa en sus vidas.

Proverbios nos ofrece unas imágenes de diagnóstico concisas, pero penetrantes, que pueden y deben sacar a la luz nuestra pereza. Hay una sección particular de Proverbios que me resultó muy útil para luchar contra el pecado de la pereza en mi vida.

> Pasé junto al campo del hombre perezoso,
> Y junto a la viña del hombre falto de entendimiento;
> Y he aquí que por toda ella habían crecido los espinos,
> Ortigas habían ya cubierto su faz,
> Y su cerca de piedra estaba ya destruida.

Miré, y lo puse en mi corazón;
Lo vi, y tomé consejo.
Un poco de sueño, cabeceando otro poco,
Poniendo mano sobre mano otro poco para dormir;
Así vendrá como caminante tu necesidad,
Y tu pobreza como hombre armado
(Proverbios 24:30-34).

Estos proverbios son una meditación ampliada de la vida del perezoso. Es como si un padre sacara a su hijo a dar un paseo por el campo, señalándole con el dedo la sabiduría y la necedad presentes en el mundo que los rodea. Cuando pasan por el campo del perezoso, se detiene y ofrece al niño una advertencia escalofriante y sobria usando esta parábola visual.

Habla sobre el campo: sin duda se trata de un terreno muy valorado, rodeado por una cerca y usado para plantar la cosecha del producto que alcanza mayor valor de mercado, una viña. Pero, en lugar de ver hileras bien cuidadas de vides, ve malas hierbas y espinos, y una cerca que se desmorona por falta de atención. Es una expresión triste del mal uso, y aún es más trágica debido a que, según parece, el propietario no está lejos de allí. El problema de este campo no es que haya sido abandonado por un dueño ausente. Ha sido olvidado por alguien cercano que parece no darse cuenta de la pérdida en que está incurriendo, porque le preocupa más su comodidad que su responsabilidad. ¿En qué consiste la necedad del perezoso? El haragán tiene algo bueno (su campo) y no lo protege. No solo eso, sino que desperdicia el potencial de su campo. El resultado es que, aunque debería tener algo, no tiene nada, y eso es una necedad.

En el sudeste de Estados Unidos, donde yo me crie, existe un tipo de viña llamada *kudzu*, que importaron de Asia porque crecía rápidamente y evitaba la erosión del suelo. Pero, hoy día, el *kudzu* se considera una molestia, porque, a pesar de las características positivas que aporta, las negativas sobrepasan con mucho su utilidad. El *kudzu* crece muy rápido, unos 35 cm por día, y una vez echa raíces es muy difícil de eliminar. Si no se le presta atención, acaba invadiéndolo todo: árboles, postes de electricidad, señales de tráfico, casas. No es extraño ir conduciendo por las autopistas y las carreteras secundarias del Sur Profundo y ver cómo el *kudzu* ha recubierto hasta el último palmo de lo que en otro tiempo fue una propiedad productiva. Uno no piensa en ello hasta que ve el perjuicio que ha causado. Como el *kudzu*, la pereza no nos impacta hasta que vemos lo que destruye.

¿Cuál es la lección que debe aprender el niño de esta visita a una parcela perdida? "Un poco de sueño, cabeceando otro poco, poniendo mano sobre mano otro poco para dormir; así vendrá como caminante tu necesidad, y tu pobreza como hombre armado" (versículos 33-34). El maestro sabio señala la moraleja: tanto si pierdes algo debido a un crimen violento como a la indiferencia perezosa, tanto si te lo arrebatan de repente como si va menguando con el paso del tiempo, cuando ha desaparecido, ha desaparecido. Aquí es donde entendí la verdadera tragedia de la trampa de la pereza. Cuando la pereza gobierna en nuestros corazones, al final la pobreza gobernará nuestras vidas. La advertencia de Proverbios 24:30-34 sigue cumpliendo su propósito en mi vida: una pérdida que no tiene por qué darse, pero que es posible cuando pongo mano sobre mano para descansar.

LA REBELIÓN INTERIOR EN LA VIDA DEL PEREZOSO

Aun así, una cosa es ver los efectos nocivos de la pereza y otra, seguir la pista a ese efecto perjudicial hasta el pecado que hay en mi corazón, el lugar donde hay que destruir todas las trampas. Sencillamente, la pereza nunca me parece un pecado; forma parte de mi personalidad. Así que empecé a pedir al Señor que me mostrara el pecado voluntario que contiene. No solo las consecuencias, sino la idolatría decidida que debe subyacer en ese estilo de vida tan relajado. Tomando Proverbios como punto de referencia, comencé a plantearme que, en realidad, el perezoso no se somete a nadie. Puede que se las arregle solo, que no organice escándalos, pero no piensa renunciar a su estilo de vida por nada y por nadie. Es (soy) un rebelde pasivo. Teniendo en mente este pensamiento, he redactado esta definición personal de la pereza.

> La pereza espiritual es una tendencia voluntariosa de mi corazón que insiste tercamente en hacer las cosas como quiere. Es una desobediencia agresiva al control de Dios, que se practica por medios pasivos. Es una trampa que exige que sacrifique lo que es mejor para conseguir lo que es más cómodo. La pereza es una cárcel diaria que, si no se combate, hará que pierda mi inspiración y, por lo tanto, que no esté preparado para la aventura de la fe.

Quizá nadie haya encarnado mejor la trampa deliberada de la pereza que Bartleby, el escribiente. La primera vez que leí este cuento corto de Herman Melville, estaba en secundaria, y me perturbó por motivos que en aquel momento no logré entender. Dio la casualidad de que mientras estudiaba la pereza volví a leerlo, y Dios lo usó para despertar mi corazón.

La historia transcurre en Nueva York en la década de 1800. El personaje que le da título es un escribiente de un bufete de abogados, cuyo trabajo consiste en copiar a mano documentos legales. Cuando lo contratan, Bartleby es un empleado prometedor para la empresa, porque hace bien su trabajo. Sin embargo, tal como empieza a descubrir su jefe (que es el narrador de la historia), Bartleby es muy diligente para hacer las cosas que le apetecen, pero se niega rotundamente a hacer cualquier otro trabajo. Su respuesta a cualquier petición de algo que no figure entre sus preferencias es un cortés "Preferiría no hacerlo". Al principio esto se interpreta como una extravagancia en un empleado que, por lo demás, es diligente. Pero pronto el empleador descubre que Bartleby *solo* hace lo que quiere hacer, y su fijación miope en ese objetivo acaba en una batalla de ingenio y de voluntad con su superior. Bartleby nunca ataca, pero su obsesión por lo que quiere hacer acaba dominando todo y a todos los que lo rodean. Sencillamente, no piensa renunciar a su derecho a hacer lo que quiera, sin importar las consecuencias. Incapaz de convencer a Bartleby de que haga otra cosa en lugar de lo que le apetece, al final el propietario se encarga de hacer las tareas y deja tranquilo a Bartleby. La historia acaba con Bartleby en un refugio para vagabundos llamado Las Tumbas, donde su vida se apaga sin beneficio alguno. La escena final nos muestra al empleador inclinado sobre la vida desperdiciada de un hombre que hizo lo que prefirió, pero que lo perdió todo a cambio.

"Preferiría no hacerlo". Una cosa es decírselo a un jefe; otra muy distinta es adoptar esta postura frente al Dios santo y Rey del universo. Sin embargo, me resulta muy familiar; yo he dicho lo mismo, con mis palabras y con mis actos, de mil maneras distintas. Por medio de la lente de las Escrituras, vemos que el principal problema de Bartleby es la pereza: la rebelión maligna disfrazada de preferencias benignas. En mi alma, conozco a Bartleby. Lo que necesito es una manera distinta de vivir.

El filósofo Paul Maxwell lo ha expresado bien: "Antes de poder escapar de los patrones de la pereza, debemos comprenderlos. Estamos atrapados en ciclos de pecado (retirada y arrepentimiento), de los cuales no resulta fácil escapar. Tenemos que saber lo que necesitamos, dónde y cómo llega al hombre perezoso la gracia de Dios".[4]

---

4. Paul Maxwell, "The Complicated Life of Lazy Boys", *Desiring God*, 24 de marzo de 2015, en línea, http://www.desiringgod.org/articles/the-complicated-life-of-lazy-boys.

He descubierto que esta gracia viene a redimirnos de la trampa de la pereza pecaminosa y rebelde, llevándonos al gobierno amoroso de Cristo. Veamos cómo llegué a esta conclusión.

CUANDO EL PEREZOSO SE ENCUENTRA CON EL SALVADOR

Supongamos que Andrés ha descubierto las conductas absurdas propias de su pereza. Ha analizado el ciclo de necedad que es fruto de esa desidia. Además, ha detectado las raíces de su actitud, centrada en sí mismo y rebelde, que lo llevaron a caer en la trampa de la pereza. ¿Cómo hace para cambiar? Primero, necesita anclar su esperanza en la verdad de su redención. Jesucristo abandonó la felicidad eterna para adoptar forma humana y derramar su sangre para redimir a Andrés. Lo ha sacado del campo de espinos y del potencial desaprovechado, llevándolo a una nueva parcela para cultivar frutos nuevos. ¿Qué decir de esa parcela? El escritor de Hebreos nos lleva de visita a ella.

> Porque la tierra que bebe la lluvia que muchas veces cae sobre ella, y produce hierba provechosa a aquellos por los cuales es labrada, recibe bendición de Dios; pero la que produce espinos y abrojos es reprobada, está próxima a ser maldecida, y su fin es el ser quemada. Pero en cuanto a vosotros, oh amados, estamos persuadidos de cosas mejores, y que pertenecen a la salvación, aunque hablamos así. Porque Dios no es injusto para olvidar vuestra obra y el trabajo de amor que habéis mostrado hacia su nombre, habiendo servido a los santos y sirviéndoles aún. Pero deseamos que cada uno de vosotros muestre la misma solicitud hasta el fin, para plena certeza de la esperanza, a fin de que no os hagáis perezosos, sino imitadores de aque-

> llos que por la fe y la paciencia heredan las promesas (Hebreos 6:7-12).

Esto supone un contraste maravilloso con Proverbios 24. Aquí vemos un campo bendecido por Dios. La posibilidad del campo improductivo del perezoso sigue abierta, pero no tiene por qué hacerse realidad (vv. 7-8). En Proverbios, el perezoso es alentado, pero aquí hallamos una exhortación confiada de que las cosas serán distintas porque son cosas "que pertenecen a la salvación". Aunque hemos sido perezosos en la carne, la obra redentora de Dios transforma nuestras vidas y nos encamina por el sendero de la salvación (versículo 9). Vemos que Dios reconoce la fe de su pueblo redimido como una fe auténtica, y el amor de su pueblo redimido como un amor genuino. Dios nos da buenos campos que podemos cultivar y promete la bendición de buenos frutos. Estas promesas se activan porque hemos sido redimidos de la tiranía del yo y se nos ha dado una gracia que se manifiesta en la diligencia sincera.

La gracia es la respuesta para la pereza, porque la gracia es lo opuesto a ella. Dios es quien obra en nosotros para que seamos diligentes, y nosotros, quienes obramos en nuestra salvación por la gracia (Filipenses 2:12-13). Esta gracia se fundamenta en la realidad. No niega la tentación que sentimos a apartarnos de la gracia operativa para caer en la holgazanería. No tenemos que vivir con miedo al fracaso. En lugar de ello, cuando miramos a nuestro alrededor, al pueblo libre de Dios, hallamos el coraje necesario para perseverar en la diligencia (versículo 12). Hemos heredado parcelas de terreno que son muy prometedoras: campos de misión, de familia, de ministerio, de vocación, de talento y de dones. La gracia de Dios actúa para que seamos diligentes en cultivar esos campos teniendo siempre a la vista la promesa de su bendición. Luchamos contra la pereza y la tendencia a la demora, porque queremos dar honra a Aquel que no solo es dueño del campo, sino también de nosotros mismos.

LOS PEREZOSOS PUEDEN CAMBIAR

Recuerdo claramente un momento en que me enfrenté a aquel factor que los perezosos espirituales temen más: el arrepentimiento. El arrepentimiento no es algo que hacemos para estar a cuentas con Dios. Eso ya lo ha hecho Jesús por nosotros. El arrepentimiento es lo que hacemos cuando estamos a bien con Dios. Supone un cambio en la dirección de la obediencia hacia lo que desea Dios para nosotros. El arrepentimiento es el cambio intencionado, capacitado por la gracia con el paso del tiempo. A los perezosos no nos gusta hacer un esfuerzo concentrado en nada durante un tiempo. Preferiríamos no hacerlo. Pero encontré en las Escrituras un versículo sencillo y claro que fortaleció la fe en mi corazón para cambiar y me proporcionó un camino abierto por donde salir de la trampa de la pereza.

> En lo que requiere diligencia, no perezosos; fervientes en espíritu, sirviendo al Señor (Romanos 12:11).

Este versículo me proporciona la meta de una "renuncia", un incitante "estímulo" y un nuevo sentido de la identidad, que juntos actúan contra los hábitos perezosos que he tenido toda mi vida.

La "renuncia" se expresa en términos negativos: "en lo que requiere diligencia, no perezosos". El evangelio produce personas que se arruinan si reciben algo menos de lo que Dios tiene reservado para ellas en Cristo. Nuestras pasiones (el celo) solo pueden satisfacerse en el propio Dios. El "preferiría no hacerlo" de los haraganes debe entenderse como la antítesis del celo santo. No hablamos de comprometerse de una sola vez y para siempre con una vida osada.

Ya lo he probado. Se trata de una lucha cotidiana para, "en lo que requiere diligencia, no [ser] perezosos". En ocasiones, la diferencia entre la pereza y el celo es si miro un partido de fútbol y luego me relaciono con mi familia, o veo el partido de fútbol y luego me echo una siesta. O si leo un libro o agarro el control remoto. O si hago mi trabajo o navego por Internet. Si me acerco a charlar con mi vecino o simplemente lo saludo con la mano y me meto en casa. Precisamente, en esas pequeñas y cotidianas "renuncias" se centra la batalla por el celo. Aunque el celo por el Señor nunca es un estado natural, brota sin cesar de la gracia. Según Pablo, no hace falta que vayamos a buscarlo; lo único que debemos hacer es dejar de apagarlo. Por la gracia de Dios, yo puedo hacer eso.

El "estímulo" me exige mantener mi fervor espiritual. Un comentario más antiguo dice: "Un espíritu ferviente es lo contrario a la pereza y siempre induce a la diligencia y a la acción vigorosa. Los cristianos deberían poseer este espíritu cuando desempeñen todas sus tareas, sobre todo en las cosas del Señor".[5] En este ámbito, he descubierto lo útil que es el hábito de la lectura. Hoy día parece que hemos perdido el arte de leer para alcanzar el crecimiento espiritual. Buscamos cosas que nos entretengan o que nos consuelen en medio de nuestras luchas. Pero ¿cuántas personas dedican tiempo y concentración a leer libros, simplemente, con el objetivo de fomentar el fervor espiritual? La dieta diaria de medios sociales nos ha enseñado a exigir que las cosas que leamos alivien un picor inmediato. Soy consciente de esto, incluso, mientras escribo este libro. Sé que hay personas que se sentirán tentadas a abandonarlo si no les parece inmediatamente relevante para su urgida sensación de necesidad, o si no contiene relatos e ilustraciones atractivos.

Lo comprendo, porque mi misión como escritor es hacer que el libro sea ameno. Ahora bien, esto no es un llamamiento a que sigas

5. Robert Haldane, *Exposition of the Epistle to the Romans* (MacDill Air Force Base, MacDonald Publishing Co., 1958), p. 565.

leyendo. *Sí* es un llamado a que te replantees tu forma de leer. A que te comprometas a leer cosas difíciles, importantes, cosas que te induzcan a pensar más en Dios y menos en ti mismo. He comprobado que las personas que leen bien de esta manera tienden a ser fervientes en espíritu, incluso en temporadas resecas o difíciles de su viaje espiritual. Tenemos a nuestro alrededor muchos libros excelentes que nos ayudarán; algunos tienen cientos de años, otros se publicaron este mismo año. Lee selectivamente. Lee reflexivamente. Lee agresivamente. Pero lee, para mantener un espíritu ferviente.

Esta última frase me urge a "servir al Señor". El gran engaño de la trampa de la pereza es que promete libertad. "Preferiría no hacerlo" contiene un "porque" implícito. Podría ser, por ejemplo, "porque lo que quiero para mí es lo mejor". La promesa de libertad que ofrece la trampa de la pereza es, en realidad, la celda de la comodidad y del egocentrismo mundanos. Pero el apóstol Pablo desenmascara este cepo y ofrece una vía distinta hacia la libertad: "Porque vosotros, hermanos, a libertad fuisteis llamados; solamente que no uséis la libertad como ocasión para la carne, sino servíos por amor los unos a los otros" (Gálatas 5:13).

Esto es una acción, pero parte de una disposición de ánimo, una identidad. En el capítulo 4 vimos que el lenguaje del "servicio" en realidad habla de la "esclavitud". Un esclavo no es un asesor, ni un sindicalista, ni un agente libre, ni un socio. Un esclavo es propiedad de otra persona y ha sido adquirido para hacer la voluntad de esta y para representar sus intereses. Cuando me planteo el "preferiría no hacerlo" a la luz de mi estatus como siervo redimido del Señor Jesucristo, se convierte en un pensamiento ridículo. ¿Qué hay que Cristo no me haya dado? ¿Qué tengo que no sea suyo en realidad? ¿Mi tiempo, mis bienes, mis derechos? La gloria de la redención no radica simplemente en que seamos liberados del pecado; radica en que nos convirtamos en la propiedad del verdadero Señor. Significa encajar en un todo, tener una identidad y un estatus. Sí, lo hacemos como siervos, pero ¡qué gloriosa es esa servidumbre! Tal como escribe John Stott: "La verdadera libertad no es el abandono de la responsabilidad para con Dios y para con otros con el fin de vivir para nosotros mismos, sino el abandono de nosotros mismos para servir a Dios y a otros".[6]

El sistema para mantenerse lejos de la trampa de la pereza es no abandonar la disposición mental del siervo. Los siervos no aplazan las cosas: se ocupan con la obra que el Señor les ha mandado que hagan. Los siervos consideran que el tiempo es valioso porque es un regalo, y quieren usarlo sabiamente. Entienden que sus dones y sus talentos son instrumentos que deben desarrollar y emplear para cultivar el campo que se les ha dado. Un siervo sabe descansar, pero conoce la diferencia entre el descanso y la distracción constante. En lugar de decir, como el escribiente Bartleby, "preferiría no hacerlo", los siervos dicen, como John Newton: "Lo que quieras, cuando quieras, como quieras".[7]

Quizá lo más importante es que el siervo sabe que su tiempo en este mundo no es muy largo. Las recompensas de la pereza, sean las que fueren, se reciben todas en esta vida. Las recompensas del siervo empiezan en esta vida, pero llegan a su plenitud en la gloria. Lo que ha cambiado mi vida y me la libertado de la trampa de la pereza es una revolución de redención. Cada vez deseo más que las distracciones de esta vida me cautiven menos, y que las esperanzas del cielo me absorban más. ¿Tú también quieres esto?

En la última frase del prefacio a su autobiografía, *Grace Abounding to the Chief of Sinners* [Gracia abundante para el mayor de los pecadores], John Bunyan hizo un llamamiento a todos los que quieren vivir para la gloria de Dios en este mundo, en anticipación

6. John Stott, *Authentic Christianity* (Madison, InterVarsity Press, 1995), p. 253.

7. John Newton, *Letters of John Newton* (Edimburgo, The Banner of Truth Trust, 1990), p. 189.

de la gloria eterna en el mundo venidero: "Queridos hijos, la leche y la miel están al otro lado del desierto. Que Dios tenga misericordia de vosotros y os conceda no ser perezosos para entrar a poseer la tierra".[8]

Ojalá tengamos esta visión y vivamos a la luz de sus beneficios. Que nunca seamos perezosos en lo que exige diligencia, sino fervientes en espíritu para servir al Señor.

8. John Bunyan, *Grace Abounding to the Chief of Sinners*, 7, http://www.chapellibrary.org/files/4813/7642/2821/bun-abounding.pdf.

Capítulo 7

LA TRAMPA DE LA ESCAPATORIA SECRETA

En el capítulo 1 conocimos a dos personas, María y Esteban, que llevan una doble vida. María vive esclava de una disfunción alimentaria. Esteban está atrapado por el uso crónico de la pornografía. Quizá estén sentados en el mismo banco de la iglesia u ocupen cubículos vecinos en el lugar de trabajo. Quizá sean amigos. Pero ni María ni Esteban tienen la menor idea de los lugares tenebrosos en los que el otro pasa tanto tiempo. Las cosas que los esclavizan (la comida y el sexo) están a su alrededor en todo momento. Para los demás, son los materiales que hacen que la vida sea buena; para María y Esteban, son cadenas inmisericordes de escapatoria secreta.

¿QUÉ ES UNA ESCAPATORIA SECRETA?

En este capítulo quiero abordar lo que llamo "la trampa de la escapatoria secreta". Examinaremos dos maneras concretas en que los deseos físicos normales se pueden usar mal y pervertir para llegar a extremos peligrosos.

Ya de entrada hay dos preguntas que tenemos que contestar.

Primero, ¿qué quiero decir con "escapatoria secreta"? Cuando enfrentamos el estrés y las decepciones de la vida, todos nos exponemos a la tentación de buscar algún tipo de escapatoria o de distracción. Hay maneras saludables de afrontar tales cosas, como son el deporte, la música, los pasatiempos y las actividades sociales. Pero también hay vías de escape nocivas. María y Esteban han creado sus propios mundos privados de indulgencia, que les ofrecen una satisfacción o una liberación que nada más en sus vidas parece darles. Esas escapatorias pueden hacer que se encierren en sí mismos, proporcionándoles un refugio donde ocultarse siempre que quieran.

Las escapatorias secretas resultan atractivas porque ofrecen, al mismo tiempo, tanto un placer intenso como una distracción inmediata. Pero lo que empieza siendo una búsqueda ocasional de liberación y de alivio puede convertirse en una compulsión que domina toda la vida, que induce a permitirse orgías privadas de lascivia o de obsesión por la comida (que pueden usarse para purgarse). Este mundo privado se convierte en una trampa que puede tener consecuencias horriblemente destructivas. Esto es lo que quiero decir al hablar de la trampa de la escapatoria secreta.

La segunda pregunta, posiblemente, viene a ser algo así: "¿De verdad piensas tratar las disfunciones alimentarias y la pornografía en el mismo capítulo?". Es una buena pregunta. Lo más probable es que, si has leído algo sobre disfunciones alimentarias, lo haya escrito una mujer para otras mujeres. Y si has leído algo sobre pornografía, ha sido escrito por un hombre y destinado a hombres. Esto tiene sentido, porque las estadísticas demuestran que la inmensa mayoría de las personas que luchan con trastornos alimentarios son mujeres, y la inmensa mayoría de las personas que recurren a la pornografía son hombres.

Lo que ocurre es que pienso establecer la idea bastante poco habitual de que estas dos trampas se encuentran, en realidad, en la misma celda de la cárcel que hemos estado analizando. Cuando miramos sus denominadores comunes, podemos profundizar un poco en ellas para descubrir cómo salir. Primero tengo que demostrar mi tesis. ¿Por qué creo que puedo abordar las disfunciones alimentarias y la pornografía en el mismo análisis?

No puedo ofrecerte encuestas o estudios exhaustivos que hayan estudiado este vínculo. Por lo que he podido investigar, nadie ha tocado este tema. Pero los estudios sobre el cerebro parecen demostrar que hay diversos tipos de actividades que interactúan con los centros del placer del cerebro, y lo hacen solapándose unos a otros. La comida y el sexo son estimulantes naturales poderosos para esos "centros del exceso" y parecen afectar de forma parecida la química cerebral.[1]

También existen ciertas pruebas sociológicas. Hay una estadística interesante que tiene que ver con el número de personas que luchan con trastornos alimentarios o con el consumo de pornografía, como hábitos que las dominan. Aunque resulta difícil encontrar datos detallados partiendo de los estudios estadísticos sobre estas conductas, parece que básicamente el número de hombres que tienen problemas con la pornografía viene a ser casi el mismo que el de mujeres que tienen trastornos alimentarios. En el caso de la población de Estados Unidos, que prácticamente tiene el mismo número de varones que de mujeres, esto parece indicar cierto tipo de efecto espejo sobre estas disfunciones presentes en nuestra cultura.

Desde el punto de vista psicológico, existen algunas similitudes notables entre los trastornos alimentarios y el uso de la pornografía. Ambas son conductas intensamente personales, alienantes y anónimas. Por eso son escapatorias secretas: para llevarlas a cabo

---

1. Gary Wilson, "Has Evolution Trained Our Brains to Gorge on Food and Sex?", en línea, http://www.yourbrainonporn.com/has-evolution-trained-our-brains-to-gorge-on-food-and-sex.

exigen que una persona se aleje de los entornos sociales y de las relaciones. Ambas son intensamente sensuales y físicas. No es un error describir la comida y el sexo como apetitos, incluso necesidades, que se pueden satisfacer de maneras saludables o bien nocivas. Ambas situaciones suelen estar vinculadas con las imágenes visuales, sobre todo en una imagen idealizada del cuerpo femenino. La trágica explotación de la mujer en nuestra cultura ha llevado a estándares inalcanzables de la forma femenina, que cautivan las imaginaciones de los hombres y de las mujeres de maneras distintas. Para María, las imágenes de mujeres imposiblemente delgadas y retocadas que aparecen en las pasarelas y en las revistas de moda se burlan de ella por la relativa inadecuación de su aspecto, y vive siendo esclava del estándar que marcan esas mujeres. En el caso de Esteban, las atrayentes imágenes de mujeres provocativas y voluptuosas lo llevaron a una fantasía sexual donde podía hacer lo que le viniera en gana. Tanto las disfunciones alimentarias como la pornografía localizan su poder cautivador en ídolos culturales inalcanzables de belleza, poder y deseo.

Los trastornos alimentarios y la pornografía parecen ofrecer el mismo valor de escapatoria a los hombres y a las mujeres. Las personas a quienes la vida presente les parece dolorosa o decepcionante escapan a un mundo de fantasía de placeres ilícitos, donde deciden lo que quieren experimentar y sentir siempre que les apetece hacerlo. Subyacente en los trastornos alimentarios y en la fijación con la pornografía, hallamos el anhelo de obtener cierto tipo de control por medio de la escapatoria. Pero esa es la trampa, porque ese control es ilusorio, y quienes escapan de esta manera tienen que volver finalmente al mundo de la vida real, que nunca les ofrecerá lo que la escapatoria parece prometerles.

La experiencia común tanto en las disfunciones alimentarias como en la pornografía es la insensibilización: cuanto más importa la comida o el sexo, menos satisfacen. Cuanto más hondo cae una bulímica o una anoréxica en un trastorno alimentario, más físicamente nocivo se vuelve su hábito. Las disfunciones alimentarias son trampas verdaderamente letales. El peligro de la pornografía radica más bien en los daños colaterales. A medida que uno cae en una pornografía más profunda y perversa, las posibilidades de padecer un matrimonio arruinado, la prostitución, los actos de acoso y el abuso sexual introducen la cruda realidad en un mundo de fantasía. Trágicamente, el precio para la salud personal, el daño para las relaciones personales o incluso las consecuencias legales no impiden que las personas huyan a sus escapatorias secretas. Han perdido el control, convirtiéndose en prisioneras de las trampas que han creado.

Empecé a detectar esta relación entre las disfunciones alimentarias y la pornografía gracias a mi experiencia como consejero. Me estaba reuniendo con una pareja, Darío y Corina, cuyo matrimonio estaba en crisis después de que salió a la luz la obsesión de Darío por la pornografía. Como es lógico, Corina estaba horrorizada por aquellas revelaciones.

"¿Cómo pudo hacerle esto a nuestro matrimonio? ¿Por qué no me contó que tenía estos problemas? ¿Qué dice esto sobre mí? ¿Qué supone para nuestro futuro?".

Mientras estas preguntas brotaban entre un torrente de lágrimas, intenté pensar en alguna manera de ayudar a Corina a entender, como mínimo, la lucha de Darío. Casi desesperado, le pregunté si alguna vez había conocido a una mujer que tuviera problemas con un trastorno alimentario. Su hermana Ana había librado una larga batalla con la anorexia después de haber tenido una experiencia traumática en la universidad. Ana había ocultado su problema durante años, lo había negado cuando lo sacaron a la luz y solo quiso recibir ayuda cuando empezó a perder la salud. Fue un golpe devastador para la familia, pero había hecho causa común en torno a Ana, y no solo la ayudaron a avanzar hacia unos hábitos dietéticos saludables, sino que la apoyaron en su lucha emocional subyacente para que superara los recuerdos que daban forma a la imagen que tenía de sí misma.

A medida que hablábamos de aquella experiencia, Corina fue adquiriendo cierta visión del problema que tenía su esposo. Empezó a entender cómo, para Darío, la pornografía solo tenía que ver en parte con el sexo, de la misma manera que el trastorno de ansiedad solo tenía que ver parcialmente con la comida. Eso le dio a ella palabras para hablar con Darío sobre su problema. Pudieron comentar los sentimientos de fracaso de Darío como esposo y como padre, y sus frustraciones con su empleo, que lo tentaban a buscar escapatoria. Con el tiempo, Corina pudo superar su indignación y su vergüenza para ayudar a su marido a luchar contra la pornografía.

Me pregunté si esto sería así también para los hombres. He tenido ocasión de reunirme con parejas en las que las esposas luchaban con un trastorno alimentario. A los maridos les frustraba que nada de lo que dijeran pareciera ayudar a sus mujeres a sentirse mejor con su imagen corporal o a comer de forma saludable. Empecé a ayudarles a plantearse el tremendo grado de control que puede tener la pornografía sobre la vida de un varón; cómo el deseo sexual se combina con la vergüenza para crear un sumidero que atrae a los hombres a hábitos compulsivos y destructivos. A través de esta lente, ellos pudieron contemplar con mayor compasión la fijación irracional de sus esposas con la comida y con las dietas, y cuidar de ellas con más paciencia y sensibilidad.

UNA CRISIS ACTUAL CON UNA RESPUESTA ATEMPORAL

Empezamos este capítulo hablando de María y de Esteban. Pero, a partir de ahora, les voy a permitir que den un paso atrás para que yo pueda hablarte directamente.

¿Qué dirías si yo te dijera que la Biblia parece confirmar la conexión entre el mal uso de los alimentos y el mal uso del sexo? Piensa en las palabras del apóstol Pablo:

> Todas las cosas me son lícitas, mas no todas convienen; todas las cosas me son lícitas, mas yo no me dejaré dominar de ninguna. Las viandas para el vientre, y el vientre para las viandas; pero tanto al uno como a las otras destruirá Dios. Pero el cuerpo no es para la fornicación, sino para el Señor, y el Señor para el cuerpo (1 Corintios 6:12-13).

Si luchas contra una disfunción alimentaria o contra la pornografía, te ruego que prestes atención a lo que dice Pablo. No has llegado al punto en que te encuentras porque un día decidiste: "Quiero pasarme la vida comiendo en exceso para luego purgarme" o "Quiero utilizar la explotación pornográfica de las mujeres para sentirme mejor". Has llegado a este punto trágico porque has creado tu propio dios partiendo de algo que no puede darte lo que le pides. Ese dios te ofrece el santuario de una escapatoria secreta, que en realidad no es más que una trampa. Pensabas que recurrir a la comida o a la lascivia te proporcionaba alivio o satisfacción, pero te has estado alimentando de ti mismo, y ahora ese falso dios te domina. Ahora la comida o el porno te controlan.

Si buscaste un refugio en la comida o en el sexo y ahora te encuentras atrapado precisamente por lo que creías que sería una escapatoria, tengo noticias maravillosas. Tan solo unos versículos más adelante, Pablo indica el camino para salir de la trampa.

> ¿O ignoráis que vuestro cuerpo es templo del Espíritu Santo, el cual está en vosotros, el cual tenéis de Dios, y que no sois vuestros? Porque habéis sido comprados

> por precio; glorificad, pues, a Dios en vuestro cuerpo (1 Corintios 6:19-20).

Elyse Fitzpatrick, consejera especializada en ayudar a mujeres con trastornos alimentarios, consigue que las personas atrapadas en una escapatoria secreta tengan clarísimo lo que es la redención.

> ¿Cómo reclama Dios el derecho de propiedad sobre tu cuerpo? ¿Y cuál fue el precio que tuvo que pagar por ello? Nosotros, los cristianos, hemos sido rescatados o comprados por la sangre sagrada de Jesucristo, el Hijo de Dios. Cuando pensamos en el precio que le costamos a Dios, nos es de provecho regresar al Calvario, a la cruz, donde nuestro precioso y amante Señor sufrió y murió. Dado que Jesús pagó semejante precio, no solo por nuestros cuerpos sino también por nuestras almas, debemos procurar exaltarlo en todas las cosas. No debemos permitir que el pecado profane ese santuario en el que Él ha decidido residir por medio de su Espíritu.[2]

¿Lo ves? El deseo de comer o de sexo puede intentar controlarte, pero puedes ser libre. Si has recibido la redención en Cristo, tu cuerpo no le pertenece a la comida ni al sexo. Ni siquiera te pertenece a ti. ¡Fue comprado con el rescate de la sangre de Jesús! Tu cuerpo se ha convertido en un templo para la adoración de Dios. Jesús ha enviado a su Espíritu para limpiar el templo de sus lujurias, y crear en tu interior una vida de adoración que sea digna de tu nuevo dueño.

¿Cómo se logra esto? ¿Cómo puede una persona atrapada en una escapatoria secreta aprender a vivir una vida de libertad y de adoración?

Quiero dedicar el resto de este capítulo a llevarte a un viaje

2. Elyse Fitzpatrick, *Love to Eat, Hate to Eat* (Eugene, OR, Harvest House Publishers, 1999), posición Kindle 552.

de liberación de la trampa de la escapatoria secreta. Lo haremos mediante la aplicación versículo a versículo del Salmo 130. Tengo la esperanza de que, en este salmo breve pero poderoso, encuentres una verdad transformadora para tus luchas con la comida o con el sexo, no importa cuán dentro de la trampa estés.

Dedica unos momentos a leer todo el salmo. Luego lo aplicaremos a tu lucha.

Salmo 130

Esperanza en que Jehová dará redención

Un cántico gradual

De lo profundo, oh Jehová, a ti clamo.
2 Señor, oye mi voz;
Estén atentos tus oídos
A la voz de mi súplica.

3 JAH, si mirares a los pecados,
¿Quién, oh Señor, podrá mantenerse?
4 Pero en ti hay perdón,
Para que seas reverenciado.

5 Esperé yo a Jehová, esperó mi alma;
En su palabra he esperado.
6 Mi alma espera a Jehová
Más que los centinelas a la mañana,
Más que los vigilantes a la mañana.

7 Espere Israel a Jehová,
Porque en Jehová hay misericordia,
Y abundante redención con él;
8 Y él redimirá a Israel
De todos sus pecados.

EL ASCENSO DESDE EL ABISMO

Lo primero que leemos en este salmo es su título: "cántico gradual". Este es uno de los quince salmos (del 120 al 134) que se llaman cánticos graduales. La tradición nos dice que se agruparon y se les puso este nombre porque debían cantarse a medida que los peregrinos viajaban por el camino hacia el templo de Jerusalén para celebrar una de las grandes fiestas israelitas. Son "canciones de viaje" para personas que pretendían encontrarse con Dios. ¿Recuerdas dónde encontramos a Jesús en el capítulo 3? Es muy probable que los discípulos entonaran estos cánticos mientras caminaban con Jesús por el camino a Jerusalén, en Marcos 10.

Este cántico gradual, en concreto, es único porque no hay otro que sea también un cántico de confesión o de penitencia. Los viajeros que entonan esta canción no creen que tengan ningún derecho para reunirse con Dios. De hecho, todo lo que hay en ellos les induce a huir de la presencia divina. La consciencia de su pecado y de su indignidad se expresa mediante la repetición de las referencias a Dios. Ocho veces, en ocho versículos breves, vemos que la atención se centra en Dios. Los cantores de este himno confiesan algo más que lo mal que se sienten consigo mismos o la vergüenza que les produce su fracaso moral. Contemplan su pecado bajo la luz de la santidad de Dios. Saben que el pecado los ha separado de Él y que lo único que merecen es su castigo.

¿Te sientes así? María y Esteban conocen las tenebrosas profundidades de la esclavitud a una escapatoria secreta. ¿Te desesperas cuando observas tu compromiso voluntario y habitual a cosas que incluso a ti te resultan repulsivas? ¿Dios figura en tu panorama? Si no es así, ahí es donde tienes que introducir tus primeros ajustes. Nunca descubrirás el poder para cambiar si no tienes en cuenta al Dios que te ve en tu escapatoria secreta y sabe todo lo que sucede en ella.

> De lo profundo, oh Jehová, a ti clamo. Señor, oye mi voz; estén atentos tus oídos a la voz de mi súplica (vv. 1-2).

¿Hasta qué punto es grave tu estado? ¿Hasta qué punto de tu escapatoria secreta has cedido ante deseos oscuros y actos que degradan tu persona? Imagínate ahí, en el peor de los lugares, quizá incluso un poco más lejos. Luego, medita en esto: incluso en ese lugar puedes clamar a Dios, ¡y Él te responderá! En ese instante, cuando el deseo incontenible de vomitar te lleva al baño o incluso después, si clamas a Dios, Él te escucha. Ese momento en que te has comprometido plenamente a darte placer; incluso después, puedes clamar a Dios, y Él te escuchará. Arrodillada y con arcadas frente al lavabo o saltando alocadamente de una imagen obscena a otra, sentado en la oscuridad, sumido en lo profundo de la condena de ti mismo y la falta de esperanza, desde tu interior puedes clamar, y el Señor escuchará tu voz. Todas las veces. Dios no espera que reúnas fuerza de voluntad, que manifiestes cierto grado de respeto por ti mismo, que recuperes el buen juicio. Clama. No está lejos de ti. Es un Dios de misericordia.

> JAH, si mirares a los pecados, ¿quién, oh Señor, podrá mantenerse? Pero en ti hay perdón, para que seas reverenciado (vv. 3-4).

Es inevitable: la gigantesca carga de pecado y de egoísmo que has acumulado mientras excavabas tu agujero de escapatoria secreta no va a ninguna parte. Sabes con claridad meridiana las mentiras que has entretejido, la guerra que has librado contra tu propio cuerpo, la explotación voyerista de personas a las que nunca conocerás, la prostitución de tu alma al dios de la comida o del sexo. ¿Hay alguna posibilidad de que el Dios al que clamas no viera todo esto? ¿Que optara por relacionarse contigo basándose en todo el bien que haces cuando no haces lo malo? ¡No hay ninguna! La pregunta que formula el salmista es retórica. Dios tiene en cuenta todos los pecados, y es bueno que conozca todos los desagradables, porque su reacción ante tu pecado es el perdón absoluto. No solo perdona los pecados más feos, no solo los más evidentes. Esos resentimientos y esos pensamientos airados que alimentan tu compulsión también necesitan su perdón. El juicio, y la envidia y la codicia que te apartan de amar a otros para complacerte a ti mismo necesitan el perdón de Dios. La ocultación, la autocompasión, las fantasías y las horas desperdiciadas en tu escapatoria secreta necesitan perdón. Lo mismo sucede con tus muchos e inútiles intentos de autoexpiación. Por medio de la sangre redentora de Jesucristo, hay perdón para todo ello: "En quien [en Jesús] tenemos redención por su sangre, el perdón de pecados según las riquezas de su gracia" (Efesios 1:7).

¿Por qué una gracia tan sublime? Para que Dios sea temido. "Ah, ok, ya lo entiendo. O sea que Dios quiere liberarme de esta trampa para someterme a su control. ¿Y de qué me sirve eso?". Amigo, cuando el salmista usa el término "temor", este no tiene ninguna connotación negativa. Cuando el salmista medita sobre el temor de Dios, lo que viene a su mente es un camino de sabiduría (Proverbios 1:7), una fuente de vida (Proverbios 14:27), bondad y seguridad abundantes (Salmos 31:19), protección divina, salvación y provisión (Salmos 34:7-9). El temor del Señor es sencillamente el deseo de vivir como aquellos que han sido comprados por precio, el de glorificar a Dios con todo lo que tenemos. Con el tiempo, el temor de Dios empezará a sobrescribir los patrones corruptos de pensamientos, sentimientos y deseos que te llevan a las escapatorias secretas, sustituyéndolos por deseos nuevos de vivir libre en Cristo. Créeme, no hay nada más aparte del temor y de la gracia del Señor que te pueda alejar del deseo de comer o del sexo.

> Esperé yo a Jehová, esperó mi alma; en su palabra he esperado. Mi alma espera a Jehová más que los centinelas a la mañana, más que los vigilantes a la mañana (vv. 5-6).

¿Qué pasa si haces lo que dice el salmista y clamas desde lo profundo? ¿Qué pasa luego? En términos prácticos, has hecho una de las cosas más importantes que puedes hacer en tu vida. Has interrumpido tu caída libre hacia la escapatoria, tomando la decisión racional de negar tus deseos y mirar a Dios. ¡Es un paso grandioso! ¿Qué pasará luego? ¿Se llenará tu mente de visiones espirituales? ¿Descenderá un comité de ángeles y te llevará volando desde tu tentación hasta un lugar feliz? No es probable. Aquí es donde fracasan muchos esfuerzos sinceros para huir de la trampa de la escapatoria secreta. Te apartas de la tentación, pero en tu corazón sigues deseando aquello que te envió a ella en primer lugar. Que no estés atragantada con comida para purgarte después no quiere decir que no envidies el cuerpo de una supermodelo. Que no te masturbes no quiere decir que no desees el cuerpo de una estrella del porno. El salmista quiere algo más que detener lo malo; quiere algo mejor. ¿Y tú?

El salmista sabe que debe poner sus deseos en cosas nuevas y por eso las fundamenta en el mensaje de esperanza. Esta forma de vida se va desarrollando con el paso del tiempo; no llega de golpe. Con tu escapatoria secreta, entregabas tu devoción integral a aquello que te ofrecía un alivio de tentaciones y sufrimientos concretos. Por mucho que te gustaría decirte que simplemente caíste en la trampa, lo que te llevó a ese lugar secreto donde escapar fue un acto intencionado. Si las presionaran, muchas personas que viven en la escapatoria de la comida o del sexo podrían describir rituales y patrones de pensamiento que las llevan donde quieren estar cuando quieren ir. Pero debes volver en ti y darte cuenta de que "el fin de ellas [de tales cosas] es muerte" (Romanos 6:21). No hay escapatoria, solo una trampa.

Así que, en lugar de escapar, esperas en Dios. Esperar en Dios significa cultivar nuevas maneras de pensar en tu vida, maneras que empiezan creyendo que Jesús te ha comprado de la esclavitud del cepo de tu escapatoria para que vivas en libertad con Él. El Espíritu Santo usará esa verdad del evangelio para empezar la renovación de tu pensamiento sobre ti mismo y sobre el mundo que te rodea. Con el paso del tiempo, eso llevará a nuevas maneras de reaccionar ante las cosas que antes solían enviarte corriendo a tu escapatoria secreta. En tu vida, comenzarán a echar raíces nuevas intenciones, actos y patrones que complacen a Dios. En lugar de obedecer a una escapatoria a ti mismo, funcionarán como práctica de la esperanza.

¿Qué patrones y actos intencionados detectas que haces? ¿Te has apartado de las relaciones reales para caer en una fantasía de aislamiento? ¿Cómo puedes empezar a conectarte de nuevo con personas reales? ¿Has dejado a un lado la Palabra de Dios cambiándola por imágenes tentadoras? ¿Cómo puedes cambiar ese patrón? Alguno de tus nuevos actos (como puede ser librarte de un teléfono inteligente o de un plan de datos), ¿tienen que ser radicales durante un tiempo? ¿Tienes que verte con un nutricionista que te ayude a establecer una dieta saludable y que siga tu progreso? ¿Necesitas abrirte en confesión ante tu cónyuge o tus amigos? ¿Necesitas la ayuda de un consejero o un grupo pequeño al que puedas dar cuentas? ¿Existen oportunidades de servir a otros que te ayuden a servirte a ti mismo habitualmente?

¿Por qué compara el salmista esta actividad con los vigilantes que esperan la mañana, y por qué lo hace dos veces? Es una imagen poderosa, poética, que despertaría ecos en quienes leyeran sus palabras. Los vigilantes se apostaban en lo alto de los muros de la ciudad por la noche, observando la oscuridad, en busca de posibles invasores. No era un trabajo para holgazanes ni para los que se distraen por cualquier cosa. Un vigilante podía pasar meses o incluso años sin detectar nada digno de importancia. Pero ¡que Dios le ayude si no estaba en su puesto cuando venía el verdadero peligro! Lo que anhelaba todo vigilante era ver los rayos del sol cuando alboreaba. Sabían que si veían la mañana era porque la noche había ido bien y ya podrían descansar.

Tú deseas ser ese tipo de vigilante. Esperar activamente a que el Señor obre en tu vida acabará con todo instinto hacia la autoindulgencia y la automedicación. Habrá momentos en que los minutos te parecerán horas, y que cada aliento que tomes parecerá una lucha contra las tinieblas, pero sigue mirando hacia el horizonte de esperanza. La luz viene a tu encuentro; el alba no está lejos. Mantente en tu puesto y verás la liberación de Dios.

> Espere Israel a Jehová, porque en Jehová hay misericordia, y abundante redención con él; y él redimirá a Israel de todos sus pecados (vv. 7-8).

Existe una vía de ascenso desde las profundidades de tu escapatoria secreta. No puedes lograrlo por tu cuenta. Ser responsable ante otros puede ayudarte, pero no llegará hasta el fondo del abismo de tu pecado para poder sacarte de él. Para cada trampa de escapatoria secreta existe un único camino hacia la libertad; relumbra con el amor fiel del Señor. Este amor fiel envió al Hijo de Dios al mundo para comprar a los pecadores para Dios. El amor fiel del Señor puso a Jesús en la cruz, para que su sangre te rescatara de tu pecado y te liberara de la trampa de la escapatoria secreta.

¿Basta con eso? ¿El amor fiel del Señor es suficiente para darte libertad? El salmista no nos deja ninguna duda. Es una redención plena. Me gusta la manera en que lo traducen las versiones antiguas: "una redención abundante". La redención plena es abundante, una redención que sobreabunda. Es una redención duradera, que rellena las grietas de nuestra incredulidad y nos eleva por encima de nuestros deseos. Está a nuestro lado con cada tentación y en cada instante de ella. Por nuestra parte, hay ocultación y un pecado abundante; por la de Dios, existe un amor fiel y una redención completa. No hay un solo milisegundo que dedicas a pensar en tu escapatoria secreta en que no haya también una redención absoluta que te abre el camino hacia la libertad.

El salmo concluye con una nota sorprendente: "Espere Israel en el Señor". El escritor, que empezó sumido en las profundidades del pecado y de la separación de Dios, llama a otros a poner su esperanza en Él. ¿Te imaginas haciendo esto? Quizá debieras intentarlo. A lo mejor, tus esperanzas son demasiado pobres. ¿Te basta con poder mirarte a un espejo sin recriminarte nada? ¿Estar en la habitación de un hotel sin creer que es cuestión de tiempo para que cedas a la tentación? Te encantaría ir a playa y no ver a las personas con los ojos de la envidia o de la lascivia. Pero la redención consiste en algo más que en no estar atrapado; supone ser libre. Cree que llegará el día en que podrás declarar a otros la redención de Dios en tu vida. Tu historia es algo más que supervivencia: es una historia de la redención escrita a pesar del dolor, las lágrimas, los remordimientos y los fracasos que ha habido en el camino. Algún día podrás compartirla con otros que están atrapados y precisan conocer la vía de escape.

¿Puedes entonar este cántico gradual? Quizá después de reflexionar sobre esto, pienses: *Eso es estupendo para algunos, pero yo he rogado a Dios que me saque de este lugar, y no ha servido de nada. Quizá estoy más allá de toda redención.*

Si ese es el punto donde te sientes tentado a ir, piensa en esto: Jesús no vino a salvar a gente normal y a evitar a quienes son como tú. Las personas como tú son el motivo por el que vino. Lucas, el escritor de un Evangelio, deja esto muy claro cuando nos enseña cómo definió Jesús su propio ministerio. El primer acto público de Jesús registrado en Lucas es cuando enseña en la sinagoga de Nazaret. Así lo describe Lucas:

> Y se le dio el libro del profeta Isaías; y habiendo abierto el libro, halló el lugar donde estaba escrito:
>
> El Espíritu del Señor está sobre mí,
> Por cuanto me ha ungido para dar buenas nuevas
> a los pobres;
> Me ha enviado a sanar a los quebrantados de
> corazón;
> A pregonar libertad a los cautivos,
> Y vista a los ciegos;
> A poner en libertad a los oprimidos;
> A predicar el año agradable del Señor.
>
> Y enrollando el libro, lo dio al ministro, y se sentó; y los ojos de todos en la sinagoga estaban fijos en él. Y comenzó a decirles: Hoy se ha cumplido esta Escritura delante de vosotros (Lucas 4:17-21).

Lo que resulta asombroso para sus oyentes es cómo aplica Jesús a sí mismo esta magnífica profecía mesiánica. Lo que nos resulta igualmente impresionante a ti y a mí es que también estamos incluidos en estas palabras. ¿Eres pobre y estás cautivo en tu trampa secreta? Las buenas noticias de Jesús son para ti. ¿Estás prisionero de tus obsesiones destructivas? Jesús ha proclamado libertad para ti. ¿Has perdido de vista lo bueno de la vida? Jesús te dará una visión nueva. ¿Estás oprimido por tu pecado? Es tuya la libertad que proporciona la redención de la gracia.

¿Sabes lo que *no* es tuyo? Es la parte que Jesús no acabó de leer. Él concluye su lectura de Isaías en la primera mitad de Isaías 61:2: "a predicar el año agradable del Señor". Cierra el rollo antes de leer lo que viene después: "y el día de venganza del Dios nuestro" (Isaías 61:2b).

Habrá un día de venganza, pero si has puesto los ojos en Jesús, ese día no será tu día. Tu día es el día del favor. Confía en que Jesús te libera de tu pobreza, tu prisión, tu ceguera, tu opresión. Pídele que convierta esto en una realidad en tu vida. Espera en Dios. Este es el año agradable del Señor para todos los que están atrapados en una escapatoria secreta. Es el año del amor fiel; es el año de la redención abundante. Que este sea tu cántico gradual.

Capítulo 8

LA TRAMPA DE LAS ADICCIONES

Ana es madre y tiene el corazón roto. Su niña pequeña, que solía hacer canciones para sus muñecos de peluche, que bailaba en los recitales, que de adolescente parecía tan prometedora, vuelve a la cárcel. Aquellos ojos que chispeaban se han vuelto duros e indiferentes. Lorena solía escribir cuentos; ahora solo inventa mentiras y engaños. La confianza ha desaparecido. Las fotografías de la familia colgadas en las paredes son un recordatorio burlón de lo que han perdido. ¿Cómo se ha llegado a ese extremo?

La trampa de las adicciones. Lorena ha caído en ella y se ha llevado consigo su propio futuro y el de sus seres queridos. Una familia entera se encuentra encadenada a un triste individuo que vive solo para recibir el impacto intenso e inmediato de unas sustancias químicas que liberan dopamina en su cerebro. En el mundo de Lorena, esto es "consumir", pero en la cárcel de Lorena, hecha de adicción y de abuso, ya todo está consumido. Las drogas no proporcionan placer; no hacen más que amortiguar temporalmente los crueles carceleros que son la necesidad física y el desprecio por sí misma.

Dentro de nuestra cultura, a la drogadicción se la ha llamado de muchas maneras: epidemia, maldición, guerra, lacra moral, plaga social, economía criminal. Es todas esas cosas. Pero si uno lucha con las adicciones, la trampa es personal e intensa. El individuo puede gozar de cierto alivio e incluso dejarlo por un tiempo, pero sabiendo siempre que el tirano acecha entre las sombras. La limpieza de hoy no logra borrar la suciedad de ayer ni tampoco garantiza la libertad de mañana.

La trampa de las adicciones es enloquecedoramente intrincada. Algunas de las sustancias adictivas más problemáticas, como la nicotina y el alcohol, están accesibles por todas partes y se aceptan culturalmente, aunque no se las exalte. Para los que estamos fuera de ellas, las adicciones a las que a veces llamamos "drogas duras" (pensemos en agujas, crímenes, fumaderos de *crack*, cuerpos demacrados y las sobredosis de los famosos) nos parecen trampas evidentes; pero son la vida, el propósito y el sentido para aquellos que se ven encerrados en ellas. Por eso, los centros de rehabilitación y los grupos de apoyo están llenos de personas que no están allí porque lo hayan decidido, sino debido a las consecuencias de sus actos o por imposición judicial.

Más o menos nueve años después de su trágica muerte (un suicidio), se publicaron las reflexiones personales de Kurt Cobain, del grupo Nirvana, bajo el título *Diarios* (2016). Entre las crudas páginas de sus anotaciones privadas, el artista abre una ventana ardientemente ambivalente al poder y al horror de las adicciones. Cobain dice que empezó a consumir heroína para anestesiar un dolor gástrico intratable. Su trampa de las adicciones no fue solo una drogadicción, sino un estilo de vida caótico alimentado por la necesidad de experimentar un alivio físico, la presión aplastante de las expectativas de otros, un historial de trastornos emocionales y los viajes por un mundo en el que era fácil conseguir drogas, donde el consumo era casi lo que se esperaba de él. Durante una entrevista, el artista aludió a la vida que es fruto de la adicción, definiéndola como un callejón sin salida.

> Yo pensaba que era una de esas cosas que uno hace para aliviar el dolor. Pero, tal como esperaba, antes de empezar a consumir heroína… sabía al principio que se volvería algo tan aburrido como la marihuana, ya sabes. Como todas las drogas, al cabo de unos meses es tan aburrida como respirar aire… Siempre he mentido al respecto porque no quiero que nadie se plantee consumir drogas. Es una estupidez.[1]

Cobain nunca logró convertir su desprecio por las drogas en un camino a la libertad. Su vida trágica y sus palabras inquietantes revelan algunas realidades duras sobre cualquier tipo de adicción. En sus párrafos, percibimos las reflexiones sobrias de alguien que buscó la escapatoria en algo que durante un breve tiempo alivió su dolor, pero que durante el proceso le exigió un precio terrible. Al final no existe un impulso persistente para escapar de la trampa, solo la resignación de verse atrapado. No es que a las personas que luchan con su adicción ya les dé todo igual. En la trampa, siempre hay una persona de carne y hueso, y escuchamos su voz asediada que intenta hallar un motivo para luchar por una escapatoria. Tal como dice un mensaje que colgó una mujer en una web: "No soporto la confusión. Mi vida entera se ha convertido en un enorme 'por qué'… El sueño de mi vida se ha vuelto descubrir qué hace que funcione este motor incontrolable, y saber cómo detenerlo".

UNA VISITA GUIADA POR LA TRAMPA DE LAS ADICCIONES

¿Qué sabe Lorena de las adicciones? Pues mucho.

1. RockMusicTV, "Kurt Cobain Talks about His Heroin Use", video de YouTube, 1:00, 26 de marzo de 2014, en línea, https://www.youtube.com/watch?v=Z0cQSFCSENI.

Cuando iba a la secundaria, a Lorena le debieron de decir que las adicciones son una amenaza. Su clase sobre hábitos saludables debió de proporcionarle muchas estadísticas destinadas a alejarla de la tentación. Le dijeron que eligiera con cuidado su entorno social y que no abandonara los estudios. Seguramente se dijo a sí misma que las drogas son una estupidez y que nunca se volvería adicta a nada.

Los amigos de Lorena posiblemente le dijeron que las drogas son solo una cosa que consumimos, que beber alcohol está muy bien, que las relaciones sociales promiscuas están bien, que el sexo es divertido. Tú lo prácticas y luego te olvidas. Ella debió de decirse que hacerlo una sola vez no tiene importancia; ella era fuerte y podría controlarlo.

Lorena debió de decirse que se sentía bien cuando bebía, fumaba, practicaba el sexo o se drogaba. Escuchaba música y veía cosas que celebraban lo bien que estaba lo que ella hacía. Lorena se relacionó con personas a quienes les agradaba sentirse igual que ella. Se ayudaban unas a otras a alcanzar la sensación de bienestar. Quizá esa sensación era placer; quizá era una forma de anestesiar el sufrimiento emocional. Lorena debió de decirse: ¿por qué no voy a hacer lo que me hace sentir bien?

Seguramente, el cuerpo de Lorena le dijo que lo necesitaba, que no podría seguir sin ello, que para sobrevivir necesitaba la droga que consumiera en ese momento. Ni siquiera las consecuencias cada vez peores apagarían ese impulso. Lorena empezó a decirse que lo único que importaba era satisfacer su necesidad.

Quizá su familia le dijo que era mala. A lo mejor no lo hicieron con tantas palabras, pero ella llegó a sentirse como la oveja negra. Cuando mientes, robas y manipulas a las personas a las que amas, eres una persona bastante malvada. Nadie de la familia pudo convencerla de lo contrario, porque en el fondo eso era lo que sentían.

Los tribunales dijeron a Lorena que era una criminal, que las personas como ella son una plaga para la sociedad y, que si no se reformaba, no merecía vivir en libertad. Seguro que le habría costado bastante refutar ese veredicto.

En rehabilitación debieron decir a Lorena que estaba enferma. Le dijeron que su propio cuerpo tenía un problema y que era una víctima de cambios radicales en el funcionamiento de su cerebro. Eso explicaría lo mucho que le costaba cambiar, pero no todas las demás cosas que le habían dicho.

¿QUÉ ES LA ADICCIÓN?

La breve descripción de la adicción que proporciona The American Society of Addiction Medicine [Sociedad norteamericana de medicina de la adicción; ASAM por sus siglas en inglés) es la siguiente:

> La adicción es una enfermedad primaria, crónica, de recompensa cerebral, motivación, memoria y circuitos relacionados. La disfunción en esos circuitos conduce a manifestaciones biológicas, psicológicas, sociales y espirituales características. Esto se traduce en que el individuo busque patológicamente una recompensa y/o un alivio mediante el consumo de alguna sustancia y otros comportamientos.[2]

Esta definición, que es bastante típica de la terminología actual, hace una cosa bien y otra mal. Lo que hace bien es subrayar las maneras complejas en que la adicción interactúa con la vida. Lo que hace mal es ayudar a alguien como Lorena. Le dice que la adicción radica en su cerebro, pero eso la confunde. Parece decirle que ella no es una persona; no es más que una máquina biológica que funciona mal y que hay que reconectar para obtener una

2. American Society of Addiction Medicine, "Definition of Addiction", en línea, http://www.asam.org/for-the-public/definition-of-addiction.

productividad óptima. Esto la confunde, porque ella conoce su deseo físico de consumir drogas y también conoce las decisiones morales que ella toma para obtenerlas.

Sin embargo, hay una forma distinta de pensar en las adicciones, que aborda las luchas que Lorena ha tenido en su vida. Se encuentra en la Biblia. Este paradigma sobre las adicciones se fundamenta en un entendimiento de quién es Lorena, no solo como adicta, sino como una persona que ha sido creada a imagen de Dios para vivir para su gloria. La Palabra de Dios nos lleva a ver las adicciones como un tipo de adoración falsa, de adoración a los ídolos. En su excelente recurso *Addictions: A Banquet in the Grave* [Las adicciones: un banquete en la tumba], el neurofisiólogo y consejero Ed Welch define de esta manera el problema de Lorena:

> La adicción es la esclavitud al gobierno de una sustancia, una actividad o un estado mental, que luego se convierte en el centro de la vida, defendiéndose de la verdad, de modo que ni siquiera las malas consecuencias inducen al arrepentimiento, y que conduce a una alienación incrementada de Dios.[3]

En otras palabras, una adicción es la adoración integral de un ídolo que tú mismo has elegido, que ahora te controla y te define.

Reconocer la fisiología de las adicciones no contradice en absoluto la Biblia. Identificar la liberación de dopamina en los centros cerebrales del placer como el punto en el que las adicciones organizan sus juegos químicos nos dice solamente que nuestras adicciones son físicas, no dice nada de su causa. No es antibíblico admitir que algunas personas están genéticamente más predispuestas que otras a caer en alguna adicción. Los factores genéticos revelan una

3. Edward T. Welch, *Addictions: A Banquet at the Grave* (Phillipsburg, P & R Publishers, 2001), p. 35.

tendencia, no una causalidad. No ofendemos a la Biblia por admitir los factores socioeconómicos, medioambientales y culturales que influyen en la adicción. De hecho, la comprensión bíblica del pecado es, en última instancia, la única causalidad que abarca todos esos otros factores. Además, añade un factor importantísimo: nuestras adicciones son adoraciones falsas a dioses que esclavizan.

Aquí debo ser prudente. Cuando las personas con orientación religiosa se encuentran con términos biológicos como "enfermedad" dentro de una definición de adicciones, piensan que se refiere a un problema médico, como el cáncer o una cardiopatía. Estas enfermedades pueden identificarse en un laboratorio, y hay determinados tratamientos que se pueden centrar en la condición patológica, aunque quizá no curarla. Los religiosos perciben la locura que supone caer en cualquier adicción y la conducta inmoral en la que se encuadra. Sienten que hablar de ella en términos biológicos es un subterfugio. Si eres una persona religiosa, te ruego que no dejes de leer en este punto.

Quiero hacer el mismo llamado a las personas que entienden la adicción como si fuera, principalmente, una enfermedad. Cuando personas con una orientación científica oyen la palabra "adoración", lo que les viene a la mente es una creencia espiritual que no tiene fundamento en las pruebas tangibles, junto con una serie de leyes morales que surgen de esa creencia no racional. El siguiente comentario, que hizo un destacado investigador, tipifica este punto de vista despreciativo: "Los trastornos derivados del consumo del alcohol u otras sustancias caen dentro del ámbito de la medicina, no de los sacerdotes".[4]

Lamentablemente, este desencuentro entre las comunidades médica y espiritual deja un tremendo abismo en el tratamiento y la

4. Tom McClellan citado por Gabrielle Glaser en "The Irrationality of Alcoholics Anonymous", en *The Atlantic.com*, abril de 2015, en línea, http://www.theatlantic.com/features/archive/2015/03/the-irrationality-of-alcoholics-anonymous/386255.

comprensión de las adicciones, un agujero por el que caen muchas personas que luchan contra una de ellas. Muchos enfoques basados en la fe simplifican en exceso la voluntad moral de cambiar. Reciben una justa crítica por transmitir el mensaje implícito de que aquellos que no se libran de una adicción es porque no quieren hacerlo. Hay muchos paradigmas médicos que simplifican en exceso la eficacia de un fármaco para combatir una sustancia adictiva. En realidad, la mayoría de los tratamientos "médicos" de las adicciones, para que sean eficaces, exigen un grado sustancial de compromiso personal por parte de la persona adicta.

Mi tesis dice lo siguiente: la Biblia ofrece el diagnóstico más claro, profundo y definitivo del estado humano que encontraremos en esta vida. Y el evangelio de la redención es el único tratamiento que aporta el poder, el cambio y la esperanza que pueden transformar a adictos quebrantados en adoradores comprometidos de Dios. El enfoque bíblico razonado dejará espacio para la faceta biológica, pero sin deificarla. Si te muestras escéptico frente a esta afirmación y no aceptas mi premisa, sigue leyendo. Voy a fundamentarla partiendo de un pasaje conciso pero penetrante de las Escrituras. Mi intención no es reducir a unos pocos versículos todo lo que se puede decir bíblicamente sobre las adicciones. Y, por supuesto, no quiero que nadie piense que si logra "entender" esto, superará su adicción. No, lo que quiero es ofrecer una pauta para comprender el camino hacia la libertad que puedes recorrer con el paso del tiempo. Si logras ver el camino, podrás hacer un seguimiento de tus progresos, tus hábitos, tus desvíos, tus puntos ciegos, tus obstáculos y la ayuda que recibas a lo largo del camino.

LA SALIDA DE LA TRAMPA DE LAS ADICCIONES

El pasaje que consideraremos procede de la epístola del apóstol Pablo a Tito, un pastor al que había formado y a quien ahora aconseja.

Esta carta breve va dirigida a un grupo de personas que han expresado su fe en Cristo y se han reunido para formar una iglesia en la isla de Creta. Según parece, los cretenses (originarios de esta isla) tenían una reputación de ser "mentirosos, malas bestias, glotones ociosos" (Tito 1:12) y se la habían ganado a pulso. Parece que el consumo de ciertas sustancias formaba parte del problema. Tito debía exhortar incluso a los mejores hombres a que fueran sobrios (lo cual implica que no siempre lo eran) y, sorprendentemente, urgir a las mujeres que dejaran de ser esclavas (literalmente, "adictas") al consumo excesivo de alcohol (Tito 2:2-6). Es como si se tratara de un grupo de rehabilitación que precisa convertirse en una iglesia de discípulos productivos y maduros. En el centro de esta carta, Pablo establece el plan de tratamiento que ofrece el evangelio.

> Porque la gracia de Dios se ha manifestado para salvación a todos los hombres, enseñándonos que, renunciando a la impiedad y a los deseos mundanos, vivamos en este siglo sobria, justa y piadosamente, aguardando la esperanza bienaventurada y la manifestación gloriosa de nuestro gran Dios y Salvador Jesucristo, quien se dio a sí mismo por nosotros para redimirnos de toda iniquidad y purificar para sí un pueblo propio, celoso de buenas obras (Tito 2:11-14).

Vamos a estudiar este plan paso a paso, para hallar la esperanza y la capacidad de ser libres de las adicciones.

"PORQUE LA GRACIA DE DIOS SE HA MANIFESTADO PARA SALVACIÓN A TODOS LOS HOMBRES" (v. 11)

El camino hacia la libertad empieza admitiendo lo que siente toda persona adicta a algo: la sensación de ser incapaz de superar su adicción. Esta es la realidad experiencial que nace de la adicción:

estoy atrapado en algo y soy incapaz de salir de ello. El enfoque biológico ofrece el diagnóstico muy útil de que este es el mensaje que te está transmitiendo tu cuerpo. Los centros cerebrales del placer reaccionan y se adaptan a las sustancias químicas que ingieres. Los escáneres cerebrales demuestran que las conductas repetitivas y los patrones de pensamiento tienen, con el tiempo, el mismo efecto adictivo. Es decir, que decirle una y otra vez a una persona adicta (como Lorena): "No lo hagas", supone sentenciarla a fracasos reiterados cuando lo intente y no lo consiga. "Culpabilizar" a la persona para que cambie solo genera más culpabilidad. El esfuerzo de intentar cambiar tu cerebro por medio de la fuerza de voluntad escapa a la resolución de la mayoría de las personas. Tal como confesaba un individuo: "La vergüenza y la culpa, unidas al temor de tener que soportar el sufrimiento propio de la deshabituación, consumían la escasa resolución que me quedaba de pedir ayuda".[5]

Ser libre de una adicción no se consigue mediante nuestros propios esfuerzos. Los programas de los Doce Pasos siempre han sabido esto. Los tres primeros pasos de Alcohólicos Anónimos hablan de la incapacidad frente a la lucha, de la necesidad de un poder superior y de la decisión de poner la lucha en manos de esa autoridad superior. Tanto si intentas desesperadamente cumplir el programa de "dios tal como lo/la entiendes", como si procuras encontrarte a ti mismo en el laberinto de clínicas, terapeutas y proveedores de seguros que dirigen tu tratamiento médico, lo que dice aquí Pablo lo cambia todo. No solo declara que necesitamos ese poder que está fuera de nosotros, sino que dice ¡que ya ha venido hasta nosotros manifestado en la gracia de Jesucristo! Cuando leemos "la gracia de Dios se ha manifestado", lo que se pretende que veamos es,

5. Maia Szalavitz, "An Addict's Battle with Painkiller Addiction Reveals Outdated Rehab Tactics", *Time*, 31 de mayo de 2011, en línea, http://healthland.time.com/2011/05/31/an-addicts-battle-with-painkiller-addiction-reveals-outdated-rehab-tactics.

literalmente, una epifanía de la gracia. Esta es la palabra que usa Pablo. Una epifanía es un estallido de luz en medio de la oscuridad. Tal como dice un comentarista, la gracia es "el gran penetrador, que disipa las tinieblas para todos y a todos aporta salvación".[6] Esta epifanía de la gracia no es algo que vayas buscando. Se introdujo en tu mundo por primera vez en la encarnación de Jesucristo hace más de dos mil años (Juan 1:5, 14, 16; Juan 8:12).

Si estás atrapado en la trampa de las adicciones, debes saber que Aquel que trae la gracia ha venido y te tiene en cuenta. No se cierne sobre ti como un juez: es tu Redentor. No lo buscamos, pero él a nosotros sí, y para eludirlo tendrás que buscar una nueva oscuridad. La gracia está aquí para llevarte a la libertad que te ofrece Dios como tu dueño, cuidador y protector amoroso. Como dice Ed Welch: "La gracia de Dios es lo que Dios ha hecho y lo que está haciendo ahora. Ha enviado a Jesús para librarnos de la dura esclavitud de nuestros propios deseos".[7]

La buena noticia para Lorena es que Dios ofrece a todo el mundo esta salvación liberadora. Lorena no está demasiado lejos como para que le alcance la gracia. Es posible que haya cometido muchos errores, pero no puede estropear la gracia. Es irresistible e indomable. A lo mejor estás leyendo esto y no eres adicto a ninguna sustancia. Tu adicción se centra en las apuestas, o la comida, o el sexo, o cualquier elemento entre todo un ejército de experiencias o sensaciones que los seres humanos convertimos en dioses funcionales. Quizá sientas un poquito de vergüenza adicional por no haber algún agente externo que haya alterado tu flujo de dopamina. Has hecho todo guiado por tu estúpida fuerza de voluntad. Pero ahora estás atrapado. La buena noticia para ti es que la gracia no hace una jerarquía de las adicciones. Estás entre

6. William Hendriksen, *Exposition of the Pastoral Epistles*, New Testament Commentary (Grand Rapids, Baker Book House, 1978), p. 370.

7. Welch, *Addictions*, p. 217.

"todos" a los que se les ha revelado la gracia. Independientemente de la esclavitud que hayas elegido, recibe la gracia y comienza a ver la aurora de tu libertad.

"ENSEÑÁNDONOS QUE, RENUNCIANDO A LA IMPIEDAD Y A LOS DESEOS MUNDANOS" (v. 12a)

A las iglesias les encanta que adictos "victoriosos" den sus testimonios durante las reuniones. Nada nos muestra el poder de la gracia como alguien que estaba atrapado en una adicción y que cuenta la historia de cómo la gracia irrumpió en su vida. Creo que estas historias son auténticas y sinceras, pero pienso que a veces celebramos la llegada de la gracia como si fuera una obra consumada. Los cristianos bienintencionados celebran debidamente la aparición de la gracia, pero a veces su entusiasmo puede llevar a una persona recién convertida y sincera a pensar que la gracia consiste solamente en esta nueva sensación de libertad. Esto no es lo que pensaba Pablo. La gracia que invade una vida tiene una misión. Pablo recurre a la metáfora culturalmente conocida de la pedagogía (la enseñanza) para describir qué pretende hacer la gracia.

La gracia acude a Lorena y detecta capas de vergüenza y de culpa. Quizá ella pueda entender que Dios la ha perdonado de su pecado, pero no logra mirar a la cara a su familia. En su interior, hay un desprecio por sí misma que no alcanza ni siquiera a describir. Recuerda aquel momento en que juró que nunca haría las cosas hacia las que la arrastraba su adicción, pero aquí está. Conoce cada paso de acomodo y de racionalización que la llevó a la trampa de la adicción. Los consejeros, con buena intención, pueden intentar impedir que ella se centre en su duplicidad moral, pero la gracia formula preguntas sinceras, las preguntas esenciales. "¿De dónde has sacado la confianza en ti misma? ¿Qué te ha hecho pensar que eras mejor o más fuerte que otros?". Como ves, la gracia identifica el culto a uno mismo presente en la condena de uno mismo. La gracia apunta a las cosas que la llevaron a su conducta adictiva antes de que su cerebro tuviera la posibilidad de adaptarse a ella.

La gracia ayudará a Lorena a decir "no" a la impiedad, esa condición en la que nuestra adoración falsa se convierte en un estilo de vida hecho de decisiones pecaminosas. Lorena aprenderá el valor de la vida arrepentida. El arrepentimiento no es lo mismo que la autoexpiación. Lorena no puede pagar un precio para salir de su esclavitud. El rescate lo pagó por ella Cristo en la cruz. Pero, antes de que pueda decir "no" a las poderosas compulsiones de su adicción, puede empezar a decir "no" a las pasiones mundanas, esos objetos familiares propios de su estilo de vida adictivo. Puede romper con las asociaciones que han demostrado ser nocivas para su vida. Puede alterar patrones secundarios que alimentan la adicción, como los medios de comunicación que consulta y su actitud egocéntrica, que la retrata como alguien necesitado e incomprendido. Puede empezar a atacar los hábitos de mentiras y de engaños que impiden que otros la ayuden. La gracia te motiva a decir "no" cuando hay que decirlo.

"VIVAMOS EN ESTE SIGLO SOBRIA, JUSTA Y PIADOSAMENTE" (v. 12b)

Si lo único que ofreciera la Biblia fuera un "no", el proceso de cambio sería un hueso duro de roer. Pero la gracia, como maestra, tiene más "sí" que "no" en su programa educativo. Lo que necesitamos desesperadamente es una forma de vivir nueva, no adictiva, y en eso consiste el aprendizaje de la gracia. Primero tenemos el "sí" de una vida controlada por uno mismo. El término griego traducido como "controlado por uno mismo" se puede traducir con mayor precisión como "sobrio". Es decir, que la sobriedad es esencial para la vida nueva. La sobriedad no es lo mismo que la abstinencia (la evitación de todo contacto), aunque la abstinencia pueda ser importante para muchas personas cuando intenten decir "no" a la droga que han elegido. Pero el "sí" a largo plazo no se da a la abstinencia, sino a la sobriedad. La sobriedad consiste en el uso adecuado y equilibrado de cualquier cosa en este mundo que pueda proporcionar placer o disfrute de tal modo que no incumpla los mandamientos de Dios ni violente nuestra conciencia, nos lleve a una adoración falsa o haga tropezar a otros. La sobriedad sustituye el temor al fracaso por la sabiduría para nosotros y el amor para otros. Se pone de parte de los objetivos más amplios que tiene la gracia para nosotros en la vida.

En segundo lugar, tenemos el "sí" de la justicia. Vivir "justamente" en este mundo da testimonio de la vida en relación con otras personas. Ser justo no es lo mismo que estar endiosado. Uno de los problemas que tienen los adictos que se están rehabilitando es que tienden a relacionarse solamente con otros que también lo han sido. No se identifican con los no adictos y no creen que quienes no lo son puedan comprenderlos. Los grupos de rehabilitación pueden ser un refugio esencial para una persona que quiera librarse de su adicción. Los grupos de apoyo pueden tener una función importante al ayudar a las personas a hablar de sus conflictos dentro de un entorno comprensivo y solidario. Pero algunas personas tratan lo que debería ser una transición en los grupos de rehabilitación como una forma de aislarse de las relaciones en las que la adicción no es un punto de referencia familiar.

La gracia no abandona a las personas en la rehabilitación. La gracia nos empuja al mundo, donde vemos que las adicciones no son las únicas trampas que aprisionan a la gente. Lorena necesita entender que en el mundo hay otros sufrimientos que no son los generados por su adicción. Tiene que aprender a hablar de su vida de tal manera que no haga falta que la persona que la entienda y la ayude sea también adicta. Debe aprender la empatía, y no menospreciar las pruebas y las tentaciones de los no adictos. La justicia que es por gracia descubre que todos necesitamos redención y se regocija siempre que la vemos en otros.

En tercer lugar, tenemos el "sí" de la santidad. La vida santa no equivale a una vida perfecta. Es una vida en la que escuchamos y obedecemos la Palabra de Dios todos los días. Las personas adictas están acostumbradas al autoengaño, la hipocresía y a hacer lo que sea necesario para obtener lo que quieren. La gracia reorienta a las personas, distanciándolas de los hábitos carnales, que exigen dopamina, y llevándolas a otros centrados en el corazón, motivados por la gracia. La Biblia llama a esto santificación, la transformación progresiva del corazón que se manifiesta en una vida transformada.

Sin embargo con frecuencia, hay que abordar de forma proactiva las compulsiones fisiológicas de la adicción profunda y la espiral de autodestrucción resultante. Es aquí donde, según creo yo, podemos ver el papel que tienen las medicaciones bien administradas. El trastorno presente en los pensamientos y en los sentimientos de una persona que ha sido adicta durante mucho tiempo puede dificultar que piense con claridad y que controle sus impulsos. Las adicciones también pueden combinarse con tendencias maníacas o depresivas, o con la volatilidad anímica, de tal manera que limiten en gran medida la capacidad que tiene el individuo de tomar decisiones coherentes, racionales y de negación de sí mismo. La farmacología puede moderar e incluso corregir algunos de los problemas de la química cerebral presentes en las adicciones. No es *la* respuesta, porque la medicina, por sí sola, no puede producir santidad. La santidad afecta el cuerpo y el corazón, el pecado y la debilidad, los pensamientos y las conductas, las decisiones y las circunstancias como realidades del presente, necesitadas de la gracia. La agenda de formación pasa por una "vida de autocontrol, justa y santa en esta era presente"; en otras palabras, vivir como adoradores de Dios, día tras día, en el mundo caído en el que vivimos.

"AGUARDANDO LA ESPERANZA BIENAVENTURADA Y LA MANIFESTACIÓN GLORIOSA DE NUESTRO GRAN DIOS Y SALVADOR JESUCRISTO" (v. 13)

Una de las cosas que le resulta más difícil hacer a una persona que está saliendo de una adicción es esperar. La adicción es lo opuesto a la espera: todo lo que hay en la vida queda subordinado a la gratificación inmediata de aquello que desea la adicción. Pero, como la vida no consiste en el alivio y en la satisfacción inmediatos, la gracia toma esta compulsión y nos dice que aprendamos a esperar, y nos enseña el gozo en la espera. La palabra que se traduce por "esperanza" no sugiere que avancemos sin recibir nada; es una anticipación gozosa de algo mejor que está por venir. La adicción proporciona sensaciones intensas e inmediatas, pero sin gozo. El gozo no es un "fogonazo de Dios". El gozo es valioso en sí mismo, algo que debemos valorar por propio derecho.

Este gozo mira al futuro. Espera la siguiente gran epifanía, la aparición de nuestro gran Dios y Salvador Jesucristo en la culminación de todas las cosas. Esta es una expectación que sustenta la vida, que inspira la esperanza, que trasciende las pruebas: el Salvador que vino al mundo para librarnos del pecado volverá para llevarnos a la Tierra Prometida del cielo. En esa tierra, no habrá dolores que requieran medicación, ni emociones que haya que satisfacer, ni cumbres que haya que alcanzar. El gozo no se puede fabricar, fumar, esnifar, inyectar, servir con hielo; no sale de un grifo, no se gana en una mesa de juego, no se encuentra en un club, no se ingiere con una cuchara ni se consume en Internet. El gozo viene como una preciosa gracia anticipadora que tiene como su cumplimiento la bendición eterna en Cristo. Merece la pena esperar.

"QUIEN SE DIO A SÍ MISMO POR NOSOTROS PARA REDIMIRNOS DE TODA INIQUIDAD Y PURIFICAR PARA SÍ UN PUEBLO PROPIO, CELOSO DE BUENAS OBRAS" (v. 14)

Espero que, a medida que avanzamos por este tema, detectes el respeto que siento por las facetas físicas de las adicciones. Pero existe un campo en el que creo que el modelo biológico, por mucho que se base en pruebas, falla el blanco. Y, además, falla mucho. Se trata del campo de la culpa. La siguiente cita es típica de lo que encontrarás en buena parte de los materiales sobre las adicciones basados en el modelo biológico:

> ¡No te culpes! La rehabilitación es mucho más fácil cuando te sientes bien contigo mismo y evitas verte como alguien malo, indigno o equivocado. Nadie elige verse atrapado en un estilo de vida destructivo donde se consumen drogas, y no tienes que culparte por intentar sentirte mejor de la manera que, según te pareció, funcionaba bien.[8]

Las afirmaciones como esta pretenden ser compasivas y atacar la autocondena que forma parte integral de las adicciones. Pero no he conocido a nadie que luchara contra las adicciones a quien esta actitud le haya resultado útil en última instancia. Y es que, al nivel funcional, todo el que ha vivido con adicciones se siente culpable y puede señalar al mal que ha hecho. Envolver la culpa y la vergüenza con la autoestima no aborda de forma crucial el complejo perjuicio personal y relacional que ha causado una adicción. La verdad auténtica, liberadora, parte de reconocer una culpa que llega mucho más profundo y que nos ata con mucha más fuerza que cualquier

8. Maia Szalavitz con Joseph Volpicelli, de *Recovery Options: The Complete Guide* (Nueva York, John Wiley and Sons, 2000), p. 49.

adicción. La esclavitud del pecado es la raíz de la adicción; es también lo que el adicto comparte con todos los demás. En el meollo de nuestra naturaleza adictiva, no necesitamos la intervención de la medicina, la introducción de nuevas rutas para la dopamina, la terapia oral, la modificación de la conducta o la desintoxicación. Necesitamos la redención.

¿Te das cuenta de algunos de los temas propios del lenguaje de Pablo que ya hemos expuesto antes en este libro? El comentario que hace John Stott sobre este pasaje los cohesiona todos.

> Pablo elige deliberadamente palabras e imágenes del Antiguo Testamento, de los comienzos de Israel como nación, para retratar la salvación de Cristo como el cumplimiento de aquellas profecías. Así "se entregó a sí mismo por nosotros" ("se sacrificó por nosotros") recuerda el sacrificio de la Pascua; "para redimirnos", la redención del éxodo, la de la esclavitud egipcia; y "un pueblo para sí", el pacto sinaítico mediante el cual Israel se convirtió en el "especial tesoro" de Yahvé. Pablo utiliza justo la expresión *laos periousios* ("pueblo escogido") que esta [la Septuaginta] usa. Así, gozamos de una continuidad directa con el pueblo de Dios en el Antiguo Testamento, porque nosotros somos su pueblo redimido y Él es nuestra Pascua, nuestro éxodo y nuestro Sinaí.[9]

Las instrucciones de Pablo en este pasaje nos relacionan de nuevo con la gran verdad que dice que hemos sido rescatados de la esclavitud para ser libres, como propiedad del Dios de amor. También nos señalan hacia la realidad de un destino eterno que nos pertenece en Cristo. Los adictos tienen que participar en este viaje espiritual, viéndose como peregrinos hacia la Tierra Prometida.

9. John Stott, *The Message of 1 Timothy and Titus* (Downers Grove, InterVarsity Press, 1996), p. 195.

Esto hará que no pierdan de vista la imagen global de la vida y los vinculará con el gran viaje que hacemos todos juntos, los miembros del pueblo de Dios.

Si te has visto atrapado en las adicciones, no te contentes con la abstinencia o con los impulsos contenidos por la farmacología. Tu Redentor tiene en mente una meta más grande. Te ha rescatado de la trampa de las adicciones, para vivir en este mundo siendo de bendición, no de maldición. Tiene reservadas buenas obras para que las hagas, obras que supondrán una diferencia eterna en las vidas de otros. Eres más que un adicto, más que tu estilo de vida orientado a rehabilitarte. Independientemente de cómo te vaya hoy, tu camino hacia la liberación de las adicciones es un sendero dirigido y capacitado por la gracia. Hay lugar para ti entre los rescatados y redimidos.

Capítulo 9

ATRAPADOS EN UN MATRIMONIO PROBLEMÁTICO

Antes de que volvamos a hablar del matrimonio de Miguel y Tatiana, vamos a hacer un breve itinerario imaginario por el tuyo.

Imagina que a tu cónyuge y a ti les gusta la espeleología, la exploración de cuevas. Se detuvieron en la tienda de senderismo y examinaron todo el equipo de espeleología que les recomendaron. "¿En serio necesitamos todo esto? Solo vamos a dar un paseo por una cueva y salir de nuevo. No puede ser tan complicado, ¿no?". Agarraron una linterna y algunas botellas de agua y se embarcaron en la aventura. La cueva parece bastante agradable: tiene un acceso que invita a entrar y hasta tiene un lugar donde tomarse fotos. Cuando dan los primeros pasos, el camino es ancho y liso. La brillante luz de la tarde penetra en la cueva, iluminando las hermosas formaciones rocosas que han venido a explorar. A medida que se internan en la gruta, la luz del sol se amortigua, y a sus ojos les cuesta más adaptarse a la creciente oscuridad. Pero tienen una linterna, que da la luz suficiente como para distinguir el camino y las paredes de la cueva, que se van estrechando. A ambos empieza a asaltarles cierta incertidumbre. Están juntos en el camino, pero a solas en un mundo desconocido.

En determinado momento, la emoción de la espeleología empieza a dar paso a las implacables tinieblas y a la preocupante consciencia de que se han metido en algo mucho más profundo de lo que nunca imaginaron. Cuando se miran el uno al otro a la luz amarilla de la linterna, les cuesta reconocer a la persona que tienen al lado. En la oscuridad, parecen dos desconocidos. Se dan la vuelta y buscan el camino de salida, pero no hay un sendero claro, solo una serie de sendas salpicadas de rocas. ¿Cómo hemos llegado hasta aquí? Ahora estamos atrapados. ¿Cómo salimos?

Ahí es donde encontramos a Miguel y Tatiana del capítulo 1. La diferencia es que ellos no están atrapados en una cueva, sino en un matrimonio. Es un matrimonio en el que entraron voluntariamente y en el que han vivido varios años. Pero no es lo que pensaban que sería al principio. Miguel y Tatiana parecen confusos, no saben cómo es posible que se hayan perdido por el camino.

Algo que durante la boda les pareció tan correcto ha resultado ser un error. La persona que al principio parecía la pareja idónea ahora es casi irreconocible a la luz parpadeante de los malos entendidos y de las expectativas insatisfechas. Miguel y Tatiana están atrapados en un matrimonio con problemas y no saben cómo salir de él. La sensación de la oscuridad engaña a su vista. Cada uno piensa que el otro es el motivo principal por el que están atrapados. Ven las faltas de su pareja con una claridad meridiana, pero no parece que vean lo mismo que ve su cónyuge; no logran apreciar su propia contribución al problema. Pudiera ser que los conflictos se originen más en un miembro de la pareja que en el otro, pero incluso la parte inocente de un matrimonio problemático vive las dificultades. Da lo mismo cómo caímos en la trampa: cada matrimonio prisionero contiene a dos personas.

¿HAY ALGUNA SALIDA?

Los dos espeleólogos perdidos de nuestra excursión imaginaria están de acuerdo en algo: no pueden quedarse donde se encuentran. Cuando miran a su alrededor, ven varios caminos que pueden seguir. Desde donde están ellos dos, todos los caminos parecen iguales, pero solo uno conduce a la salida; los otros podrían llevar a cualquier parte o a ninguna. Este es el reto al que se enfrentan las personas que viven un matrimonio con problemas. Supone la admisión sobria de que las cosas tienen que cambiar, pero sin que tengan una dirección clara de adónde dirigirse. Tristemente, para las personas desesperadas que tienen un matrimonio dificultoso, la dirección que parece más prometedora es la escapatoria del divorcio o de la separación. Permíteme que aborde sin tapujos cada uno de estos posibles senderos.

EL DIVORCIO

El remedio que suele ofrecerse a las personas atrapadas en una relación es, sencillamente, el de liberarse, escapar mientras puedan. Hubo un tiempo en que las convenciones sociales impedían que las personas huyeran de matrimonios infelices por medio de la vía del divorcio. Pero las cosas han cambiado. El matrimonio no es más que una trampa más compleja que otros acuerdos —desde el punto de vista legal y económico—, y se puede escapar de él. Si aconsejas a personas que se sienten atrapadas en su matrimonio, puedes estar seguro de que alguien las está animando para huir como sea de ese compromiso. Podemos estar seguros de que, en algún rincón de su mente, Miguel y Tatiana ya se han planteado la opción del divorcio.

Al haber leído este libro hasta aquí, ya sabrás que no voy a recomendar el divorcio como escapatoria para un matrimonio difícil. Seguramente, lo mejor será que deje clara cuál es mi postura sobre el divorcio, basada en mi comprensión de las Escrituras. El matrimonio es un don de Dios, que pueden disfrutar tanto los incrédulos como los creyentes. Se define por una unión de toda la vida, un pacto entre un hombre y una mujer, al que se accede con el propósito de tener compañerismo, intimidad sexual, procreación (Génesis 2:20-25) y, en un nivel más profundo, para extender el amor que siente Cristo por su Iglesia (Efesios 5:22-31). Dado que el matrimonio lo ha establecido Dios, debemos tenerlo en la más alta estima y debe ser honrado por todos (Hebreos 13:4). Las Escrituras permiten el divorcio solo cuando uno de los cónyuges comete pecados que tienen que ver con la inmoralidad sexual (Mateo 19:3-9), o cuando un cónyuge incrédulo abandona el matrimonio (1 Corintios 7:10-16). Es importante destacar que, aunque Dios permite el divorcio en esos casos, este no es una exigencia. De hecho, el primer recurso debería ser siempre buscar el arrepentimiento y la reconciliación.

Esta es mi postura, pero no vivo buscando oportunidades para imponerla o defenderla. Cuando me encuentro con personas que se plantean el divorcio, lo que inunda mi corazón es tristeza y misericordia. Estoy triste porque nadie se casa con la expectativa de divorciarse. Hacerlo es la admisión insoportable, vergonzante, destructiva y catastrófica de un fracaso. No siempre es un fracaso personal, porque las personas que se divorcian, a menudo, pueden ser víctimas del mal uso que ha hecho su cónyuge del pacto matrimonial. Pero incluso las víctimas de un divorcio se sienten fracasadas cuando se rompe un matrimonio. Se me parte el corazón por aquellos cuyas vidas quedan devastadas por el divorcio, independientemente de cuál haya sido el motivo. Las palabras de Tim Keller reflejan el equilibrio entre la gracia y la verdad que quiero alcanzar cuando trato a personas que se plantean huir de un matrimonio difícil recurriendo al divorcio.

> Los votos nupciales no son una declaración del amor presente, sino una promesa mutuamente vinculante de

> amor futuro. Una boda no debería ser principalmente la celebración del amor que sientes ahora... eso se da por hecho. Más bien, en una boda te colocas delante de Dios, de tu familia y de las principales instituciones sociales, y prometes ser amante, fiel y leal a la otra persona en el futuro, sin tener en cuenta los sentimientos internos que son volubles ni las circunstancias externas... Permitir el divorcio casi por cualquier motivo supone abrir una brecha en el mismo concepto de pacto y de voto. El divorcio no debería ser fácil; no tendría que ser nuestra primera, segunda, tercera o cuarta opción.[1]

El camino del divorcio puede parecer una vía atractiva de "primera opción" para alguien que desea escapar de un matrimonio problemático, pero raras veces es una salida clara a la luz del día. Hay un Dios sabio y amoroso que protege los matrimonios por medio de su Palabra frente al atractivo poderoso, pero engañoso, de la escapatoria por medio del divorcio.

LA SEPARACIÓN

Es posible que Miguel y Tatiana estén pensando: *Solo necesito un descanso de esto. Si pudiera alejarme un tiempo, quizá se me ocurriría qué debo hacer*. La mayoría de las personas que dicen que quieren huir de matrimonios asfixiantes lo único que desean, en realidad, es cierto grado de alivio frente a su experiencia actual. Por eso, la idea de la separación puede ser tan atractiva. Pero la mayor parte de las separaciones solo ofrece un alivio temporal y nunca aporta libertad. Normalmente, la separación solo cambia la trampa del matrimonio difícil por la trampa de un alivio temporal e indefinido.

---

1. Timothy Keller, *The Meaning of Marriage* [*El significado del matrimonio*] (Nueva York, Dutton, 2011), pp. 87, 89. Publicado en español por editorial B&H.

La separación como vía de escape de un matrimonio conflictivo no suele ser un camino bien iluminado. Debemos considerar lo que dice la Biblia en 1 Corintios 7:1-5 (las separaciones, si se producen, deben ser breves) y las cuestiones legales y prácticas. Pero déjame que te diga algo sobre la separación como escapatoria a un matrimonio desdichado: no suele serlo. Puede ser un respiro de las peleas constantes, un refugio frente a una situación inestable o abusiva, o un medio estratégico para abordar los problemas prácticos que hay que tratar para que un matrimonio se reconcilie. Pero una separación es, por definición, temporal; por consiguiente, necesita un plan para que no sea una mera evitación de los problemas. Normalmente, la separación requiere el consentimiento reflexivo de ambas partes, no solo el deseo de una de ellas. La mayoría de los que buscan la separación lo hacen unilateralmente, sin planes aparte de escapar de lo que consideran una trampa. Las separaciones poco meditadas, típicamente, prolongan y complican los problemas matrimoniales. La separación afectará tu experiencia de la trampa, pero no te sacará de ella.

La buena noticia es que puedes liberarte de la trampa de un matrimonio infeliz sin recurrir al divorcio o a la separación. La máxima esperanza para un matrimonio con problemas no es su final, sino su transformación. Para que eso suceda, debes analizar cómo su matrimonio acabó siendo una trampa, y cómo su identidad como siervos redimidos de Dios puede capacitarlos para salir de las tinieblas en las que han caído.

¿CÓMO CAÍMOS EN ESTA TRAMPA?

Uno de los elementos de esa trampa puede ser lo que buscamos en un matrimonio cuando entramos en él. Una persona que provenga de un hogar donde ha habido un divorcio o graves disfunciones matrimoniales, a menudo, verá el matrimonio de una forma muy distinta a alguien cuya estructura familiar es más estable o convencional. Una pareja cuyos miembros han estado viviendo juntos y deciden casarse abordará el matrimonio desde un punto de vista totalmente distinto al de dos personas jóvenes que, antes de casarse, vivían cada una en casa de sus padres. Y los hombres y las mujeres pueden entrar en el matrimonio con perspectivas muy distintas. En consecuencia, algunos no descubren que el matrimonio es una trampa hasta que caen en ella. A menudo, la liberación de la trampa matrimonial nos exige que volvamos sobre los pasos que hemos dado. Según mi experiencia pastoral, he visto tres maneras en las que un matrimonio se convierte en una trampa.

Una mala preparación

Se ha dicho, con mucha razón, que las personas se preparan mucho más para sacar el permiso de conducir que para casarse. Me alegro de que para obtener este permiso haya que prepararse, pero es un hecho que la mayoría de las parejas se casan sin prepararse adecuadamente para el compromiso de por vida que van a hacer. Para muchos, el noviazgo no tiene nada que ver con la preparación del matrimonio, y solo piensan en organizar la boda (que suele ser un gran acontecimiento) y un nuevo estilo de vida.

Quizá te has dado cuenta de que, antes de tu boda, no reflexionaste lo suficiente sobre qué buscabas en el matrimonio. O a lo mejor vivías con tu pareja antes de casarte y pensaste que el matrimonio era más una ceremonia que un cambio significativo en su vida juntos. La gente recurre al matrimonio para huir de la soledad, como una esperanza de seguridad y como un medio para tener una familia, como una manera de demostrar a otros que son adultos. Todas estas cosas pueden darse dentro del matrimonio, pero ninguna es una razón para casarse. Y, si las convertimos en motivos para casarnos, muy pronto el matrimonio puede convertirse en una trampa.

Si te sientes atrapado en un matrimonio problemático, te ruego que pienses si la falta de preparación forma parte del problema. He visto parejas que han encontrado estupendos motivos para reconstruir su matrimonio cuando han descubierto que los problemas actuales tienen raíces que se pueden abordar con humildad, una comunicación honesta y la disposición de derribar ciertos aspectos familiares para levantar otros nuevos.

Los giros inesperados

Incluso los matrimonios que tienen un fundamento sólido se pueden ver en situaciones difíciles. La vida es dura. Lo hacemos lo mejor que podemos, pero las pruebas y los giros inesperados pueden pasar factura a las relaciones, incluso cuando el amor es profundo y el compromiso es firme. Los problemas económicos inesperados, la pérdida del empleo, una enfermedad crónica o debilitadora, problemas con los hijos y su crianza, la infertilidad, fracasos morales, consecuencias no deseadas de decisiones bien intencionadas; todas estas cosas pueden enviar a un matrimonio a un rincón oscuro, mucho más lejos de lo que esperaban sus miembros. A veces los giros se pueden revertir, o al menos soportarlos hasta el final, pero en otros casos esos giros se convierten en parte de la vida. La sensación de que "No me apunté para esto" puede ser aplastante. Esa otra persona que iba a ser tu roca empieza a desmoronarse, y tú no tienes fuerzas propias, y mucho menos para él o para ella. Nadie tiene la culpa, pero todo parece ir mal. Las pequeñas grietas que están presentes en todo matrimonio se ven expuestas a una presión insoportable, e incluso los buenos matrimonios pueden empezar a parecer una trampa. Si no te has enfrentado a esto, sin duda conoces a alguien que sí lo ha hecho.

El distanciamiento descuidado

Miguel y Tatiana hablan de cómo eran las cosas cuando se

casaron. Ahora parece todo muy distinto, pero ninguno de los dos puede señalar un momento concreto o un suceso que haya cambiado las cosas. Los matrimonios pueden convertirse en trampas poco a poco, con el tiempo. Normalmente, no se trata de un cambio dramático. Yo diría que cada matrimonio, hasta cierto punto y en determinado momento, puede parecer una trampa. Ningún cónyuge es esa "alma gemela" hasta el punto de que el otro miembro no se pregunte a veces por qué, después de tantos años, se puede sentir tan incomprendido. Las excesivas ocupaciones y la crianza de los hijos, así como el material de que está hecha la vida, pueden llevarnos a pensar que un entorno doméstico que funciona bien es lo mismo que un matrimonio que progresa. Nos volvemos descuidados al apreciar a nuestra pareja, nos contentamos con la evitación de conflictos o la no resolución de ellos, no prestamos atención a lo que decimos. Estos son los distanciamientos que producen la sensación de aislamiento y de remordimiento en el matrimonio, la pérdida de lo que siempre habías considerado lo más importante de tu vida. Los terapeutas matrimoniales suelen hablar del "alejamiento", la experiencia de un matrimonio sin sentido de propósito o de dirección. El resultado final del alejamiento ininterrumpido puede ser la trampa del aislamiento y el remordimiento. Hasta los buenos matrimonios pueden deslizarse hacia malas trampas.

Presta atención a lo que te digo como pastor. Lo último que quiero hacer cuando me siento con una pareja atrapada en un matrimonio con problemas es hacerles recordar una lista de cosas que quizá hicieron mal. De hecho, opto deliberadamente por no empezar por ahí. Pero ¿quién planteará la pregunta? La tendencia de la mayoría de parejas que acuden a consejería matrimonial es centrarse tan exclusivamente en los problemas que no se plantean cómo se metieron *en* ellos. Sienten el temor subyacente de que, si examinan cómo cayeron en la trampa, solo conseguirán hundirse más en el abismo. Pero dedicar una reflexión seria a averiguar cómo cayó en la trampa tu matrimonio te posicionará para vislumbrar la luz redentora de Dios en medio de las tinieblas.

REDENTOR Y RESCATADOR

Por muy atrapado o atrapada que te sientas en tu matrimonio, por confusa y asfixiante que te parezca la caverna del desencanto, Jesús el redentor sabe dónde te encuentras. No perdió de vista a los israelitas atrapados en la esclavitud en Egipto. No se ha olvidado de las personas perdidas y quebrantadas atrapadas en la esclavitud del pecado. Tampoco descuida a los que tienen matrimonios desastrosos. Tiene su vista fija en ti y en tu cónyuge. Y además quiere obrar para redimir tu matrimonio. ¿Cómo lo sabes? Porque, según la Biblia, el matrimonio pertenece a Dios.

Esta es realmente una buena noticia para los matrimonios conflictivos. Si tu matrimonio te pertenece, vivirás en el agobiante agujero de la responsabilidad por algo que no puedes arreglar solo. Si tu matrimonio pertenece a tu cónyuge, él o ella se convierte en la bola y la cadena que te impiden llegar a los lugares donde quieres ir en tu vida. Si el matrimonio pertenece a la pareja, o a los hijos, o a una tradición religiosa, o a los dictados de las costumbres sociales, se encontrarán donde se vieron nuestros desorientados espeleólogos: perdidos en la confusión y sin tener claro cuál es la dirección que deben seguir.

Miguel y Tatiana dirían que quieren la ayuda de Dios para su matrimonio. Pero lo que quieren decir es que quieren que Dios haga algo en la otra persona, para así resolver sus problemas. En realidad, no buscan que Él los cambie para que puedan poner en práctica el matrimonio tal como Dios lo diseñó. Por eso, parece que nada les ayuda. No tienen tracción, porque no saben adónde van. Pero si el matrimonio pertenece a Dios, entonces Él tiene un plan de rescate y una meta a la que pueden aspirar. Esto supone toda la diferencia para un matrimonio conflictivo.

El plan y la meta que tiene Dios para redimir el matrimonio se encuentran en la Biblia. Para comprender y aplicar adecuadamente los textos bíblicos sobre el matrimonio a nuestras relaciones con problemas, tenemos que leerlos en su contexto. No suele ser útil extraer de la Biblia versículos sobre el matrimonio y aplicarlos a nuestras circunstancias. Tenemos que leer esos pasajes a la luz de las personas y de las circunstancias para los que fueron escritos. Hemos de tener en cuenta el contexto literario, por qué el escritor aborda el tema del matrimonio en ese punto de su discurso. Cuando la Biblia toca el tema del matrimonio, siempre hay una imagen de fondo más amplia. Los pasajes sobre el matrimonio de la Biblia nunca hablan solo de él; primero, hablan del Dios que creó el matrimonio, que lo diseñó para cumplir un propósito bueno, y que bendice o frustra nuestro uso del matrimonio basándose en sus propósitos redentores más amplios para el pueblo que ha adquirido para su gloria.

Déjame que te ofrezca algunos recursos para que captes la imagen global del matrimonio. Para obtener una panorámica excelente de lo que tiene que decir la Biblia en su conjunto sobre el matrimonio y la familia, te recomiendo que leas *God, Marriage, and Family* ["Dios, el matrimonio y la familia", disponible solo en inglés], de Andreas J. Kostenberger. Para leer un tratamiento culturalmente matizado de la visión bíblica sobre el matrimonio, te exhorto a que leas *El significado del matrimonio*, de Tim Keller (del que cité antes). Y para obtener una excelente aplicación pastoral del evangelio a los problemas matrimoniales, te invito a leer *¿Qué estabas esperando?*, de Paul David Tripp. Sabiendo que tienes a tu disposición estos magníficos recursos, voy a limitar mi análisis a un solo pasaje sobre el matrimonio.

LA ARDUA LIBERTAD DE 1 PEDRO 2:4-3:7

Por favor, dedica unos minutos a leer 1 Pedro 2:4–3:7. Es un pasaje extenso, que acaba con algunas instrucciones muy concretas sobre el matrimonio. ¿Por qué centrarnos en estas palabras de Pedro? Hay dos motivos primarios. Uno es que la enseñanza de Pedro sobre el matrimonio en 1 Pedro 3:1-7 es, específicamente, para matrimonios con problemas. Las palabras de Pedro se dirigen a creyentes en una región donde acababa de llegar el evangelio. Uno de los resultados es que hay mujeres casadas que ponen su fe en Jesús. Intentan averiguar cómo vivir como seguidoras de Cristo estando casadas con maridos incrédulos que se oponen a la fe que ellas acaban de descubrir. Y esto genera problemas.

Otro motivo más amplio para centrarnos en este pasaje es que las palabras de Pedro sobre el matrimonio fluyen de una intensa preocupación por saber cómo debe vivir el pueblo redimido de Dios dentro de una cultura estructurada, que niega el señorío de Cristo. Este pasaje ha aparecido una y otra vez en este libro debido a su diáfana declaración de que Dios aparta a su pueblo para sus propósitos. En otro tiempo, no fuimos pueblo; ahora somos el pueblo de Dios (2:10). Y eso lo cambia todo. Vivimos en este mundo como peregrinos (2:11) que pertenecen a otro mundo. Este no es nuestro hogar. El mundo cuenta con sus instituciones culturales que exigen cosas a nuestras vidas. En la época de Pedro, esas instituciones tenían la capacidad literal de definir y controlar a las personas. El estado era una dictadura imperial que tenía autoridad absoluta sobre todo el mundo. La economía se basaba en el trabajo de los esclavos. La estructura de la familia giraba en torno a las solitarias preferencias del esposo y padre. El llamado de Pedro se encuentra en 2:16: "[vivan] como libres, pero no como los que tienen la libertad como pretexto para hacer lo malo, sino como siervos de Dios". El apóstol llama a los creyentes a que tengan una visión audaz. La libertad de Cristo nos libera de los sistemas mundanales a nuestro alrededor ¡y luego nos llama a participar activamente en ellos por amor del evangelio!

Esto no es simple ni fácil. Esta epístola se entregó como una carta que se leería en voz alta a una congregación. Quienes escucharon esta carta acababan de salir de una persecución respaldada por el gobierno, o estaban previendo una. Sin embargo, Pedro los llama a honrar precisamente a las autoridades gubernamentales que serán las encargadas de la persecución (2:13-14). Muchos nuevos cristianos son esclavos, cuyas vidas están determinadas por los caprichos y los actos de señores opresivos. Aun así, Pedro los llama a un sometimiento que, en ocasiones, podría incluir un castigo físico injusto (2:18-20). Y, para las esposas recién convertidas, las llama a estar "sujetas" a esposos autócratas e incrédulos, a intentar ser humildes y modestas, y a hacer el bien, incluso si lo único que obtienen a cambio es tristeza. Esta es una verdad radical.

¿Qué motivo tendrían los oyentes de Pedro para dignarse siquiera a escuchar estas palabras cuando las leyeron en voz alta? ¿Cómo podía Pedro esperar que las personas aceptaran la dificultad de servir a Dios en medio de circunstancias tan hostiles? Francamente, no merecía la pena. Ni para las esposas, ni para los esclavos ni para nadie que no se llamara César. Pero Pedro sabía que su llamado llegaría a oídos ansiosos ¡que pertenecían a personas libres! Por mucho que experimentaran la opresión cultural y social, sabían que habían sido rescatadas de una esclavitud mucho más profunda y maligna. Cristo había padecido por ellos, para redimirlos para libertad (2:21, 24). Además, había dado ejemplo de cómo debían vivir en un mundo opresivo. Como sabemos ahora, las personas realmente libres viven como siervos de Dios. Tienen un propósito para su humilde actitud. Su conducta honorable y sus buenas obras glorificarán a Dios, aunque no impresionen a quienes los rodean (2:12). Sus buenas obras revelarán la ignorancia de los necios (2:15).

Su carácter en medio del sufrimiento injusto provocará un gran gozo a Dios (2:20). Su humildad piadosa atraerá a las almas perdidas (3:1). Sus oraciones humildes serán fructíferas (3:7). Y, lo que es más importante, vivirán bajo la protección eterna del pastor y obispo de sus almas (2:25).

LA REDENCIÓN RADICAL DEL MATRIMONIO

Teniendo en mente esta imagen tan amplia, Pedro se centra en las consecuencias que tiene la redención para la relación matrimonial.

> Asimismo vosotras, mujeres, estad sujetas a vuestros maridos; para que también los que no creen a la palabra, sean ganados sin palabra por la conducta de sus esposas, considerando vuestra conducta casta y respetuosa. Vuestro atavío no sea el externo de peinados ostentosos, de adornos de oro o de vestidos lujosos, sino el interno, el del corazón, en el incorruptible ornato de un espíritu afable y apacible, que es de grande estima delante de Dios. Porque así también se ataviaban en otro tiempo aquellas santas mujeres que esperaban en Dios, estando sujetas a sus maridos; como Sara obedecía a Abraham, llamándole señor; de la cual vosotras habéis venido a ser hijas, si hacéis el bien, sin temer ninguna amenaza. Vosotros, maridos, igualmente, vivid con ellas sabiamente, dando honor a la mujer como a vaso más frágil, y como a coherederas de la gracia de la vida, para que vuestras oraciones no tengan estorbo (1 Pedro 3:1-7).

La visión que tiene Pedro del matrimonio es culturalmente radical, y no solo porque afirma roles distintivos para los maridos y las esposas dentro del matrimonio. Bien entendidas, sus palabras destruyen dos cargas que durante siglos han oprimido a las mujeres de todo el mundo. Su llamamiento a las mujeres las libera eficazmente de que las definan los hombres que pretenden dominarlas. Es cierto que Pedro defiende una postura de sometimiento de la esposa respecto a su marido. Esto es totalmente coherente con el patrón sobre el matrimonio que se expresa en las Escrituras. La diferencia es qué determina esa sumisión. Dentro de la cultura de Pedro, la sumisión la exigían los hombres e iba más allá de la disposición de respaldar al marido como cabeza de familia. El cuerpo y el alma de una mujer casada estaban sometidos al señorío de su marido. Pero Pedro empieza sus instrucciones con una comparación: "Asimismo vosotras…" (3:1). ¿"Asimismo" respecto a qué? El final del capítulo 2 lo deja claro: de la misma manera que Jesús se sometió con el propósito de la redención (2:21-25), las esposas pueden someterse voluntariamente al rol redentor en el matrimonio. La clave es esta: se someten a Cristo como Señor, no a ningún hombre como señor. Pertenecer a Cristo significa que nunca se someterán a un hombre en nada que pueda deshonrar a su verdadero Señor. Cumplir el propósito mayor de Dios para el matrimonio mediante los roles que Él ha definido supone una reorientación radical para cualquiera atrapado en un matrimonio conflictivo.

En 3:3-4, Pedro socava el otro gran opresor de las mujeres: los estándares de belleza imposibles y transitorios que definen la feminidad en función del aspecto externo, como opuesto a la calidad del corazón y del alma. Y, para ser incluyente, hace un llamado a los esposos, para que se arriesguen a la crítica de la sociedad cuando rechacen el modelo de masculinidad prevaleciente y opresivo, cambiándolo por un liderazgo amable, comprensivo y altruista en el hogar. Se habla mucho de lo que pide este pasaje que hagan las mujeres, pero en estos versículos también vemos una reorientación desde la masculinidad cultural hacia la bíblica, algo que fue radical en la época de Pedro y que sigue siéndolo hoy.

¿Qué puede significar todo esto para un matrimonio con problemas? Significa que aquellos a los que Jesús ha libertado son verdaderamente libres (Juan 8:36). Nunca nos controlan nuestras circunstancias, los fracasos de un cónyuge o el mundo en que vivimos. Somos propiedad de nuestro Redentor (Tito 2:14), y Él es quien nos define. Cuando nos enfrentamos a un matrimonio dificultoso, sabemos que Jesús está obrando en nuestra situación para aportar una libertad verdadera que no está limitada por los errores pasados, los problemas presentes o la incertidumbre futura. He visto a maridos y a esposas aferrarse a este tema fundamental del evangelio y empezar a ver esperanza para ellos y para su pareja, obtener coraje para abordar temas difíciles y aumentar su fe para el trabajo del corazón, que siempre es lo esencial para redimir a matrimonios con problemas.

Amigos, aquí es donde empezamos a salir de la trampa de un matrimonio complicado. Si eres un pecador redimido, no estás definido por tu matrimonio, tus errores, las debilidades de tu cónyuge o tu desespero y tu desánimo. Ninguno de estos factores determina lo que debe ser, lo que no puede cambiar.

Un siervo libre de Dios puede hacer un balance de la escasa preparación anterior a la boda. Puedes empezar a ver los anhelos muy enraizados y las expectativas que han controlado lo que cada uno esperaba del otro dentro del matrimonio. Ahora, toda esa experiencia dolorosa de lo mucho que cuesta vivir con otro pecador se puede utilizar en beneficio de tu matrimonio, en lugar de ensayarlo y discutirlo muchas veces con un amargo resentimiento.

Un siervo libre de Dios puede ver más claramente los propósitos redentores de Cristo, incluso en medio de las pruebas y los fracasos más difíciles de un matrimonio. Dos personas libres, que reflexionan sobre los giros inesperados de la vida, pueden generar y sustentar la compasión mutua. Empezarás a darte cuenta de que las pruebas y los traumas que han enfrentado como individuos no son solamente heridas personales; son únicas y forman parte importante de sus historias. Puede que no las hayan escrito de esa manera, pero pueden comenzar a ver al Autor divino y sus intenciones al redactar su historia como lo ha hecho. Y los siervos libres de Dios ayudan a crear profundas historias de redención a partir de los giros de la vida, incluso de los más difíciles.

Un siervo libre de Dios entenderá el matrimonio como una administración del don del Padre y trabajará fielmente para su bienestar cotidiano. Esta experiencia humana intensa y compleja a la que llamamos matrimonio es, en su nivel más profundo, un escaparate glorioso para mostrar el amor de Cristo por su pueblo redimido. Es para que lo disfrutemos con la bendición de Dios, pero al mismo tiempo constituye una invitación para que el mundo que nos rodea vea la redención de cerca, como algo personal (Efesios 5:31-32).

Si Miguel y Tatiana logran asimilar esta profunda verdad, revolucionará su manera de pensar en su matrimonio. Ahora mismo es un callejón sin salida, y no ven manera alguna de escapar de la trampa; pero si apartan los ojos el uno del otro y miran a Jesús el Redentor, verán que Él no solo tiene una salida, sino también un mejor camino que recorrer. En lugar de hablar de su matrimonio con otras personas considerándolo un problema, pueden empezar a verlo como un gran llamamiento que exige que ambos le presten una gran atención para que fructifique. De esta manera, les resultará más fácil mirar dentro de sí mismos para hacer sus propias contribuciones, y mirar más allá de sí mismos para perdonar y cambiar.

LOS VOTOS

En marzo de 2008, el *Washington Post* publicó un artículo de fondo titulado "Los votos"[2], que hablaba de un matrimonio, Dave y Diana

2. Liza Mundy, "The Vow", *Washington Post*, 9 de marzo de 2008, en línea, http://www.washingtonpost.com/wp-dyn/content/article/2008/03/04/AR2008030402498.html.

Kendall. Unos ocho años antes, a Diana le habían diagnosticado la enfermedad de Hungtington. En la época en que se redactó el artículo, la enfermedad había dejado a Diana totalmente incapacitada, y Dave estaba dedicando su vida a satisfacer las necesidades básicas de su esposa. Es una historia hermosa y desgarradora que habla de sufrimiento y de pérdida, de tristeza y de compromiso. En el artículo, queda muy claro que tanto Dave como Diana tuvieron que alterar radicalmente sus esperanzas y sus sueños para su matrimonio, de modo que este no los sumiera en el desespero y en la derrota. El autor, que escribía desde el punto de vista de un periodista secular, se maravillaba de la dedicación de Dave y de la ternura presente en el matrimonio, sin entender muy bien de dónde procedían.

El editor que repasó la noticia se vio tan afectado por lo que leyó que le pareció necesario expresar sus propios sentimientos. Mientras lees el siguiente texto, piensa en las posibilidades que tiene tu matrimonio, aunque esté envuelto en problemas.

> Cuando leí el relato sobre Dave Kendall, cuya esposa, Diana, descubrió hace ocho años que padecía una enfermedad casi totalmente incapacitante, reaccioné de la misma manera que la mayoría de todos ustedes: durante unos instantes, me quedé asombrado y conmocionado frente a la devoción y al sacrificio de Dave, y luego me planteé algunas preguntas incómodas. Si yo estuviera en el lugar de Dave, ¿podría reaccionar de un modo tan altruista y honorable? ¿Podría renunciar a casi todas las gratificaciones del matrimonio, a cambio de una lista cada vez mayor de responsabilidades? Y la pregunta más insidiosa: si alguna vez hiciera el intento, ¿podría hacerlo sin caer en el pantano de la amargura y de la autocompasión?

> No hace falta pensar mucho para descubrir que esas son preguntas (como la de "¿Cómo reaccionaría en medio de un combate?") que no se pueden responder de manera abstracta. Las respuestas irán surgiendo si, Dios no lo quiera, alguna vez se encuentran en esa situación, en la realidad día tras día tras día en la que aprenden cosas acerca de sí mismos, que solo pueden conocer quienes están bajo fuego enemigo.[3]

Puede que estés bajo fuego enemigo en un matrimonio conflictivo. O de pie en la oscuridad, sin saber adónde ir después. Hay un camino a seguir, un camino que pueden recorrer las personas libres, en dependencia y sometimiento a la voluntad de su Maestro. Dios te promete que, mientras avances por ese camino, te dará gracia para cambiar, luz para el viaje y misericordia para los tropezones en la ruta. Y habrá personas que te verán salir de la cueva, a la luz del sol de la esperanza, que quizá lleguen a conocer al Redentor gracias a la historia de tu liberación.

3. Tom Shroder, "Editor's Note", *Washington Post*, 9 de marzo de 2008, en línea, http://www.washingtonpost.com/wp-dyn/content/article/2008/03/04/AR2008030402499.html?sid=ST2008030603276.

Capítulo 10

LIBRES EN UN MUNDO LLENO DE TRAMPAS

Al último a quien visitaremos es William, el hijo privilegiado que está atrapado entre dos mundos. A diferencia de algunas de las otras personas atrapadas que hemos conocido, William no es un personaje compuesto; es una persona real, aunque no de nuestra época. Su nombre completo es William Legge, pero en sus tiempos seguramente lo conocían mejor como William Legge, vizconde de Lewisham, segundo conde de Dartmouth. Vivió en Inglaterra de 1731 a 1801, lo cual lo sitúa en medio de dos sucesos históricos relevantes, el Avivamiento evangélico y la Revolución americana. William se vio atrapado entre los dos de una manera muy personal.

William (o lord Dartmouth, como se le conocía) nació en la alta nobleza eclesial. Pero, cuando era joven, experimentó el avivamiento evangélico promovido por la predicación de Juan y Carlos Wesley y de George Whitefield. Por medio del ministerio de estos hombres, William fue redimido a una fe auténtica en Cristo y, a partir de ese momento en su vida, se consagró al servicio del Rey de reyes. Pero en virtud de su condición de noble y por su capacidad para la política y los contactos que tenía en ese entorno, William ascendió también en el servicio del rey de Inglaterra.

En algún momento después de su conversión, llegó a oídos de lord Dartmouth la conversión radical de John Newton, el esclavista que se convertiría en escritor de himnos y en un líder de la oposición al comercio de esclavos británico. En 1764, Newton quiso ordenarse en la Iglesia de Inglaterra, y Dartmouth accedió a patrocinarlo. Esto condujo al nombramiento de Newton, aquel que antes fue infiel, como pastor de la parroquia de Olney, que supervisaba Dartmouth. Así se forjó una amistad de por vida entre el pastor que había huido del mundo y el político que estaba ascendiendo a la cumbre de este.

Avancemos diez años. William Legge había ascendido al puesto de Secretario de Estado para todas las colonias británicas, incluyendo las norteamericanas. Era el año 1774, y las cosas no le iban bien a William en su trabajo. En el puerto de Boston habían tirado al mar un cargamento de té, y estaba comenzando a hervir la sangre por la posesión colonial más apreciada para Inglaterra. Como Secretario de Estado, lord Dartmouth prefirió adoptar una postura conciliadora hacia las colonias, pero cada vez le costó más mantenerla a medida que la protesta se convertía en revuelta. En 1775 había autorizado la fuerza para sofocar la rebelión, pero también dimitió de su cargo porque no quería formar parte de una gran guerra contra sus conciudadanos británicos. Durante el año siguiente, continuó trabajando como consejero principal del rey a medida que se iban desarrollando los acontecimientos en Norteamérica.

Dartmouth estaba envuelto en disturbios políticos, pero también estaba en un apuro espiritual. Su alma estaba atribulada por los compromisos morales que parecían necesarios en la política y por la sociedad inmoral por la que viajaba. Su carga consistió en encontrar una manera de vivir las palabras que hemos estado estudiando, sobre todo en 1 Pedro:

> Amados, yo os ruego como a extranjeros y peregrinos, que os abstengáis de los deseos carnales que batallan contra el alma, manteniendo buena vuestra manera de vivir entre los gentiles; para que en lo que murmuran de vosotros como de malhechores, glorifiquen a Dios en el día de la visitación, al considerar vuestras buenas obras. Por causa del Señor someteos a toda institución humana, ya sea al rey, como a superior, ya a los gobernadores, como por él enviados para castigo de los malhechores y alabanza de los que hacen bien. Porque esta es la voluntad de Dios: que haciendo bien, hagáis callar la ignorancia de los hombres insensatos; como libres, pero no como los que tienen la libertad como pretexto para hacer lo malo, sino como siervos de Dios (1 Pedro 2:11-16).

William escribió a su amigo y consejero pastoral John Newton pidiéndole consejo sobre cómo podía ser un cristiano fiel en un mundo que parecía oponerse tanto a su fe. La correspondencia se mantuvo durante varios meses.

Nos centraremos en una de las cartas del pastor Newton. Esta carta se escribió en noviembre de 1776. Ten en cuenta la fecha. El gobierno británico estaba escandalizado por un documento de una sola página que les habían enviado desde las colonias solo unos meses antes. El documento contenía estas provocativas palabras:

> Sostenemos que estas verdades son evidentes por sí mismas, que todos los hombres son creados iguales, que su Creador les ha concedido determinados derechos inalienables, entre los cuales se encuentran la vida, la libertad y la búsqueda de la felicidad.

Al mismo tiempo que William, el político aristócrata, meditaba sobre estas palabras proclamando la libertad, luchaba con su conciencia sobre el significado de la libertad como cristiano. ¿Qué libertad tenía él como siervo de Dios? ¿Era libre para vivir con toda la pompa y el privilegio propios de su posición en la vida? ¿O acaso su libertad estaba limitada, en cierto modo, por su deber como cristiano? Dedicaremos este capítulo a mirar por encima del hombro de un hombre que leía una carta. En su alma, luchaba por descubrir cómo ser fiel a su Redentor en un momento en que tanto la influencia como las tentaciones del mundo convergen sobre él con unas proporciones históricas.

PERO ¿QUÉ PROBLEMA HAY CON EL MUNDO?

Lord Dartmouth se enfrentaba a la tentación de la mundanalidad. Un comentario describe la mundanalidad como "la entronización de algo que no es Dios como objeto supremo de los intereses y de los afectos humanos".[1] Otro lo define simplemente como "la vertiente práctica de estándares no relacionados con Dios".[2] En otras palabras, la mundanalidad es un concepto donde se mezclan conductas, creencias, valores y estructuras sociales que existen como si Dios no existiera.

El atractivo de la mundanalidad es algo a lo que debe enfrentarse todo siervo de Cristo. Fue un problema para el pueblo santo de Dios en el Antiguo Testamento. Aunque habían sido liberados de la esclavitud en Egipto, los israelitas eran tentados en todo momento a vivir como los pueblos que los rodeaban. Se sentían atraídos por los placeres y las costumbres de sus vecinos paganos. Ansiaban tener el éxito mundano tanto político como económico. Incluso cuando los líderes fuertes y los grandes profetas los llamaron a que volvieran

1. R. G. V. Tasker, "World", en *New Bible Dictionary* (3.ª ed.). D. R. W. Wood & I. H. Marshall, eds. (Downers Grove, InterVarsity Press, 1996), p. 1249.

2. C. J. Hemer, "Worldly", en *The International Standard Bible Encyclopedia* (Grand Rapids, Wm. B. Eerdmans, 1986), p. 1116.

a adorar a Dios, la atracción del mundo nunca disminuyó. Fue la gran trampa para el pueblo de Dios en el Antiguo Testamento.

En el Nuevo Testamento, esta inquietud por los redimidos de Cristo es igual de urgente. Para Jesús, los caminos del mundo son como veneno para la vida de la fe.

> Entonces Jesús dijo a sus discípulos: Si alguno quiere venir en pos de mí, niéguese a sí mismo, y tome su cruz, y sígame. Porque todo el que quiera salvar su vida, la perderá; y todo el que pierda su vida por causa de mí, la hallará. Porque ¿qué aprovechará al hombre, si ganare todo el mundo, y perdiere su alma? ¿O qué recompensa dará el hombre por su alma? (Mateo 16:24-26).

Los apóstoles, cuando enseñaron a la iglesia primitiva, incluyeron este tema de forma habitual. El mundo pagano a su alrededor era atractivo para la carne y un adversario para la fe. Era un lugar de tribulación (Juan 16:33) y de tentación (Santiago 4:4). Al cristiano se le recuerda que este mundo pasa y que nunca puede ser nuestro verdadero hogar. Como hemos visto, los integrantes del pueblo de Dios deben vivir como "extranjeros y peregrinos" en esta vida, mientras avanzamos hacia nuestro hogar eterno (1 Pedro 2:11). Pero mientras estamos aquí, somos llamados a marcar una diferencia. A los cristianos se les advierte que no se contaminen con el mundo (Santiago 1:27), aunque, al mismo tiempo, se los envía a él con el mensaje del evangelio (Juan 17:17). Nuestra participación necesaria en el mundo va acompañada de tentaciones a quedar atrapados por los mismos valores a los que debemos enfrentarnos y vencer.

Una cuestión esencial para la iglesia primitiva, y para todo cristiano a lo largo de la historia hasta nuestros tiempos, es algo así: ¿Cómo puede el pueblo de Dios libre practicar su libertad en medio de un mundo lleno de trampas atrayentes y comprometedoras?

A menudo esto se presenta como un debate entre la libertad y el libertinaje. En este debate, normalmente "libertad" significa la posibilidad de disfrutar de las cosas buenas que nos rodean, porque en Cristo somos liberados de la ley. El "libertinaje" normalmente indica que nos tomamos libertades que la genuina fidelidad a Dios no permite. ¿Hasta dónde nos permite llegar nuestra libertad en Cristo antes de que nos concedamos licencia para hacer lo que se opone a su señorío? No puedes elegir entre una cosa u otra. No servirá de nada apartarnos del mundo para meternos en nuestro propio gueto cristiano, porque tenemos la responsabilidad de llevar al mundo el mensaje de la redención. Y no servirá de nada vivir como lo hace el mundo, porque perderemos el motivo principal por el que Dios nos ha dejado dentro de él.

Cuando me planteo si algo que quiero hacer es apropiado para mí como cristiano, a menudo consulto esta carta, escrita hace casi doscientos cincuenta años. ¿Por qué? Creo que algunos de los mejores consejos para nuestra era proceden de la sabiduría de las anteriores. En realidad, ninguna de nuestras tentaciones modernas lo es, y puede resultarnos útil ver cómo los santos de los días pasados se enfrentaron a sus versiones de nuestras tentaciones. Además, nuestro juicio puede verse enturbiado por la familiaridad del mundo a nuestro alrededor. Escuchar a alguien que vivió en un momento y en un lugar distintos puede ayudarnos a pensar en los principios más allá de nuestra confusión cultural.

PALABRAS SABIAS PARA WILLIAM Y PARA NOSOTROS[3]

En su consejo a lord Dartmouth, John Newton empieza yendo directamente al meollo del asunto: "Cuando ponemos en ardiente

3. El texto completo de esta carta en la versión que descubrí originariamente se identifica como "Letter XXX – Cases of Conscience", y se puede leer en *Letters of John Newton* (Edimburgo, The Banner of Truth Trust, 1990), pp. 160-166.

práctica nuestro amor por el Señor, y cuando tenemos a la vista el gobierno de su Palabra, raras veces cometemos grandes errores".

En otras palabras, la manera en que abordamos los temas de la libertad y el libertinaje refleja el estado actual de nuestros corazones para con Dios. Si nuestro deseo principal es amar a Dios y nuestra brújula principal se halla en su Palabra, seguramente no nos equivocaremos mucho cuando usemos nuestra libertad. Los actos santos suelen provenir de motivaciones santas.

Partiendo de esta premisa básica, el consejo de Newton nos ofrece tres sistemas idóneos para determinar cómo vivimos conforme a la libertad. Vamos a llamarlos la prueba de la santidad personal, la prueba de la visión misionera y la prueba de la sabiduría bíblica.

LA PRUEBA DE LA SANTIDAD PERSONAL

El pastor Newton conocía el comportamiento astuto del corazón humano. Sabía que el modo en que queremos gestionar los atractivos del mundo es preguntar: "¿Hasta qué punto podemos llegar dentro de los límites máximos de lo que es correcto, antes de que se vuelva incorrecto?". Newton identifica la tendencia común de las personas, tras la experiencia de la conversión, a huir de las trampas mundanales solo para acabar recayendo en ellas porque identifican la madurez con la capacidad de elegir entre una u otra indulgencia. En lugar de abordar lo que deseamos del mundo y preguntar "¿Cuánto podemos tomar?", Newton nos exhorta a tener otro punto de vista. La verdadera santidad nos llama a "mantener comunión con Dios en nuestras almas, y glorificarlo ante los ojos de los hombres". Al reflexionar sobre nuestras almas, Newton nos reta a abstenernos de aquello que "anestesia nuestros corazones para las cosas de Dios", y nos exhorta a no "perseguir, permitir o descansar" en nada que nos proporciona mayor gozo que nuestro gozo esencial, que está en Dios. En otras palabras, vivamos sabiendo que todo lo que hacemos afecta nuestra comunión con Dios y nuestro testimonio de Él a otros.

A veces vemos cómo algunas libertades afectan nuestra comunión con Dios, pero nos cuesta mucho ver cómo afectan nuestro testimonio a otros. Si mientras hago el devocional estoy con los auriculares puestos escuchando *death metal*, es posible que me cueste bastante relacionarme con el Señor. Pero lo único que verán todos los demás es a una persona, yo, que está leyendo su Biblia. Es decir, que mi testimonio estaría intacto, ¿no es cierto?

Si durante un partido de fútbol, me tomo una cerveza y alguien de mi iglesia me ve y piensa que soy un borracho, mi testimonio podría verse afectado. Pero si me tomo una sola cerveza sin intención alguna de emborracharme, no estoy ofendiendo a Dios, ¿verdad?

Error en ambos casos. Newton nos recuerda que existe un vínculo inseparable entre lo que hacemos en privado y lo que hacemos en público. Si Dios es Dios, entonces es el Dios de nuestra vida pública y de la privada. Lo que solemos llamar la distinción entre lo sagrado y lo secular no existe. Cuando vivimos distinguiendo entre lo sagrado y lo secular, "libertad cristiana" puede significar simplemente el permiso religioso que nos tomamos para hacer cosas mundanas. Podemos eludir una evaluación incómoda de nuestras actividades mundanas señalando todas nuestras actividades religiosas (momentos de reflexión, servicio, asistencia a la iglesia, buenas obras, etc.) que nos dan derecho a divertirnos un poco en la vida. El problema es que, en realidad, nunca corremos el peligro de tener demasiada religión y muy poca diversión. El peligro es lo contrario. Esto puede exigir moderación en todas las cosas, pero también significa (como nos dice Pedro) que nos abstengamos de cosas "que batallan contra el alma" (1 Pedro 2:11).

El verdadero riesgo que se corre es el de sacrificar el auténtico gozo por los falsos. Nuestras almas no fueron creadas con tendencias bipolares; fueron hechas para hallar gozo en Dios y solo en Él. Esto no significa que debamos seguir el camino de los ascéticos y rechazar todo lo que hay en el mundo. La gracia generosa nos permite disfrutar del verdadero gozo en Dios por medio de los gozos secundarios en el mundo a nuestro alrededor. La libertad cristiana se entiende mejor como el amable permiso de nuestro Creador para que disfrutemos de las cosas que hizo para nosotros. Creo que aquí se pueden incluir también las cosas que hemos creado para nuestro disfrute: el arte, la música, el deporte, la comida mejicana, las montañas rusas, los chistes, las vacaciones en la playa, las películas, los Ford Mustang... bueno, la lista se está alargando bastante y se está volviendo un poco personalizada, pero ya me entiendes, ¿no? Para comprender y disfrutar correctamente la libertad, debemos eliminar la división sagrado/secular. Todos nuestros placeres seculares tienen implicaciones sagradas, y todos nuestros gozos secundarios deben alimentar, en última instancia, nuestro gozo primario en Dios.

LA PRUEBA DE LA VISIÓN MISIONERA

Después de evaluar la manera en que nuestra búsqueda de la libertad afecta a nuestras almas, el pastor Newton nos llama a prestar atención al modo en que vivimos como cristianos en relación con los demás. En este sentido, aplica la enseñanza del apóstol Pablo, que abogó por la libertad limitada según la ley del amor (ver Romanos 14:14-21 y 1 Corintios 8:9-13). Pablo desmantela las fronteras legalistas entre lo que es puro e impuro para los cristianos, y centra el tema en lo que sea más beneficioso y evidencie más amor por quienes nos rodean. El legalismo no da paso al libertinaje, sino al llamamiento más alto del amor.

Newton nos aconseja que, cuando pensemos en nuestros hermanos, la caridad y la prudencia quizá nos exijan abstenernos de cosas que serían permisibles para nuestra libertad, pero un obstáculo para alguien más débil. Sin embargo, para Newton, el amor no solo significa que tengamos cuidado con lo que hacemos cuando tenemos cerca a alguien más débil. Nos recuerda que no siempre sabremos quién se verá afectado por lo que hagamos en nuestro ejercicio de la libertad. Nunca sabremos la fe de quién se ha visto mermada al observarnos cuando no sabíamos que alguien nos miraba. Newton quiere que pensemos claramente en qué tipo de ejemplo queremos ser para otros, y que luego vivamos en consonancia con esa convicción: "Y parece que una obligación a este tipo de negación de uno mismo surge, y se fortalece, en proporción al peso y a la influencia de nuestro carácter". En otras palabras, quienes aspiran a tener una mayor influencia para Dios deben ser los más interesados en el ejemplo que dan a otros.

Lo más importante en este caso es que no estamos motivados por lo que piensen de nosotros otras personas. Eso supondría caer en la trampa de la aprobación. Más bien estamos motivados por el amor a Dios y a los demás, que procura asegurarse que vivamos nuestras vidas para la "mutua edificación" (como dice Pablo en Romanos 14:19) de nuestros hermanos y hermanas en la fe. No pretendemos solamente evitar lo que podría inducir a otros a tropezar: queremos que nuestras vidas fortalezcan la fe de otros cuando tomamos decisiones respecto a la libertad. La libertad filtrada por la ley del amor será una libertad bien expresada.

Más adelante, el pastor Newton amplía este principio para abarcar nuestra misión para los perdidos: "Existe una obligación, y una caridad al mismo tiempo, que debemos al mundo en general, así como una fidelidad a Dios y a su gracia, en nuestra conversación necesaria con sus habitantes". Al pensar en el incrédulo, hemos de desear que sus interacciones con nosotros no solo lo dejen siendo consciente de nuestra gentileza, sino también de que estamos separados del mundo.

A esto se refiere Pedro cuando habla de la "buena manera de

vivir" (1 Pedro 2:12). En santidad vivimos para la gloria de Dios; por gracia vivimos para beneficio de los perdidos. La práctica de nuestra libertad debería tener siempre a la vista los propósitos salvadores de Dios para el mundo incrédulo a nuestro alrededor. Lo que sepan de nosotros no debería poderse explicar sin recurrir a la luz de Cristo en nuestro interior (Mateo 5:14-16). Esta es una visión misionera tan relevante en nuestra época como lo fue en la de lord Dartmouth. Tal como lo resume Newton: "Felices aquellos que reciben mayor porción de la santa unción y son los más capacitados para manifestar todo a su alrededor, mediante su espíritu, su temperamento y sus conversaciones, cuáles son el propósito idóneo y el efecto genuino del evangelio de Dios sobre los corazones de los pecadores".

LA PRUEBA DE LA SABIDURÍA BÍBLICA

A continuación, el pastor Newton da un paso atrás y examina el mundo incrédulo como un sistema de vivir la vida. Newton era, antes que nada, extraordinariamente práctico en su consejo espiritual. Pasó años metido en el más mundano de los sistemas mundiales, el comercio de seres humanos como objetos bajo la forma de la esclavitud. Como pecador redimido y comprometido ahora con el cuidado de las almas, entendía de primera mano tanto el cometido como los atractivos del mundo. Sabía que el aislamiento del mundo no era una opción para el creyente. Ahora veremos la solución interesante que propone.

> Siguiendo la costumbre de nuestra pequeña vida rural, las personas serias se quejan a menudo de las trampas que encuentran entre las personas mundanas, pero a la vez tienen que relacionarse con ellas para ganar su sustento. Les aconsejo que, si pueden, hagan sus negocios con el mundo como lo hacen cuando llueve. Si su

> negocio los llama a irse lejos, no lo dejan inconcluso solo porque se vayan a mojar un poco; pero luego, cuando lo han concluido, buscan refugio y no se quedan bajo la lluvia por placer. Así, los llamados providenciales y necesarios del deber, que nos conducen al mundo, no nos perjudicarán si nos resulta desagradable el espíritu del mundo y nos alegra apartarnos de él, y nos mantendrán alejados hasta el punto en que lo permitan nuestros deberes relativos. Aquello que es nuestra cruz es difícil que se vuelva nuestra trampa; pero si ese espíritu contra el que debemos precavernos siempre orando contra él infecta nuestra mente y la apega a sí mismo, entonces, sin duda, padeceremos una pérdida y actuaremos por debajo de la dignidad de nuestro llamamiento.

La mayoría de nosotros trabaja en empleos que funcionan totalmente dentro de sistemas creados en el mundo. Alguno será ingeniero, u obrero de la construcción, o profesional de la salud o estudiante. A menos que nos dediquemos a un ministerio cristiano vocacional, sabemos que el mundo en el que trabajamos no gira en torno a la gloria y a la misión de Dios. Por lo tanto, debemos decidir cómo tener éxito dentro de él, pero sin formar parte de él. Siguiendo la analogía de Newton, no hay manera de no mojarse en el mundo; pero no hay razón para vivir empapados del mundo. Sabemos que estamos empapados del mundo cuando sus valores, su lenguaje y sus decisiones se convierten en las nuestras.

¿Hasta qué punto estás mojado del mundo? ¿Serás como ese trabajador urbano conocedor de las calles, que sabe dónde encontrar esos puntos resguardados de la lluvia donde puede dedicarse a su negocio sin empaparse? ¿O simplemente te has acostumbrado a chorrear agua? Una de las maneras en que podemos asegurarnos de que la humedad del mundo no se convierta en nuestro modo de existencia favorito es cultivando y protegiendo nuestro amor por las cosas de Dios. El verdadero gozo del Señor, la comunión de los santos y la satisfacción incontaminada de ser siervos son refugios frente a la lluvia del mundo, lugares a los que siempre tenemos acceso… si los buscamos. El cristiano que ejerza bien su libertad sabrá cuándo se está mojando con la lluvia del mundo y también cómo mantenerse seco.

Estamos hablando de una vida bien equilibrada. Y el equilibrio entre la participación en el mundo y el alejamiento de él no es el único equilibrio que está en juego. ¿Qué hay del equilibrio entre el trabajo y el descanso? John Newton era muy consciente del tiempo que había malgastado en su vida antes de someterse al Salvador. Tenía el deseo profundo de dedicar el tiempo que le quedara en la Tierra a la productividad espiritual. Pero también admitía que era un tanto estúpido dedicarse a una actividad que se hace compulsivamente, aunque esa actividad sea espiritual. Entendía que el trabajo en el mundo era agotador, y que tan solo pasar de la intensidad de la vida cotidiana a una serie de actividades religiosas igual de intensas no era un cristianismo sostenible. Sabía que el ocio tenía su lugar, aunque solo fuera para proporcionar una pausa en la vida frente a la actividad constante secular o incluso religiosa.

Newton apreciaba el valor que tiene un paseo por el bosque, leer un buen libro, encontrarse con los amigos, escuchar música, una buena comida y todo lo que la acompaña. Pero también veía la trampa que supone escaparse al ocio con la misma intensidad con la que nos dedicamos al resto de la vida. Él jamás respaldaría el eslogan moderno: "Trabaja duro, juega duro". Una manera cuidadosamente equilibrada de contrapesar la actividad con el descanso es crucial para una espiritualidad saludable. Y es que, más que cualquier otra cosa, lo que hacemos en nuestros ratos de ocio tiene la posibilidad más alta de hacernos malgastar el tiempo precioso que Dios nos ha concedido.

Dentro de nuestra cultura, el problema lo tienen los abonados al sofá, el zombi de Internet, el fan de los videojuegos, el obsesionado con el gimnasio, el espectador adicto a la televisión, el que se dedica a su pasatiempo antes que a nada más. No podemos racionalizar nuestra decisión de disfrutar de un largo rato de ocio porque hayamos hecho un trabajo duro o un ministerio intenso. El exceso de ocio nos arrebata el tiempo y la vida como las malas hierbas en un jardín. La solución que propone Newton para el problema del equilibrio en la vida es sencilla. Al reflexionar sobre lo precioso que es el tiempo, deberíamos estar motivados a la productividad constante, pero dejando también que nuestro descanso tenga el efecto adecuado. El ocio no es una desconexión de la productividad espiritual, sino una actividad que nos refresca para que podamos renovarla.

Otro tema que exige sabiduría es el lugar que ocupa el cristiano dentro de la cultura. John Newton siempre tomó el pulso de su sociedad. Era más que consciente de los vientos de la moda y de la popularidad, y de la caprichosa tendencia humana a sentir la necesidad de ser importantes para el mundo que nos rodea. Lo que queremos y disfrutamos viene determinado, en gran medida, por la cultura en la que estemos inmersos. Nuestros valores están conformados por valores culturales. Quizá nuestra mayor preocupación no es que nos lancemos de cabeza a la trampa del mundo, de un solo salto, sino que nos veamos tan rodeados por ella que acabe encerrándonos poco a poco.

¿Cuál era el antídoto de Newton contra el cautiverio cultural? Al pensar en lo que es popular, debemos tener "un espíritu peculiar", discerniendo cuidadosamente esos atractivos presentes que son expresiones concretas del espíritu de la época, sin levantar sobre ellos nuestro estilo de vida. Al hablar de un "espíritu peculiar", Newton recurre al mismo lenguaje del pacto de la redención que hemos venido explorando en este libro. Por lo tanto, leemos en la traducción que usaba Newton, la King James: "Pues ustedes son un pueblo santo para el Señor su Dios, y el Señor los ha elegido para que sean un pueblo *peculiar* para él, por encima de las demás naciones que habitan en el mundo" (Deuteronomio 14:2, traducción literal de la versión inglesa).

Para Newton, este espíritu peculiar debe manifestarse en todas nuestras relaciones. Si nuestras obligaciones familiares nos exigen renunciar a alguna de nuestras convicciones bíblicas, entonces es mejor que nuestra familia nos considere peculiares. Si nuestro papel en el mundo nos invita a conformarnos a su forma de vivir, tenemos que ser peculiares. Para William Legge esto era una realidad. Era político y procedía de una familia que tenía contactos políticos. En su época, honrar a la familia y tener éxito en la política pasaban por ser leal a un partido político y a lo que este defendía. Sin embargo, ser un cristiano bíblico significa que uno no podía ponerse del lado del *status quo* político sin más. Ese era el dilema de lord Dartmouth. ¿Cómo podía ser influyente en la política y estar comprometido con la Biblia al mismo tiempo? ¿Cómo preservar el nombre de su familia cuando su vida la había comprado Cristo? Estuvo justo en el centro del problema que supuso qué debía hacer con la Revolución americana. Pero, al final, sus convicciones bíblicas lo llevaron a la postura impopular de oponerse al tráfico de esclavos. Su postura sobre el tema le pasó un alto precio en lo que respecta a su reputación y a su influencia en el mundo. Pusieron en duda su fidelidad a su familia. A William Legge, ser peculiar le salió caro. A nosotros nos pasará lo mismo.

Las palabras de John Newton son especialmente relevantes cuando pensamos en lo que supone ser misioneros. Los cristianos deben vivir entre aquellos a los que quieren llegar con el evangelio y ser sus amigos. Hay buenos motivos para esto: tenemos que compartir la verdad tanto con nuestras palabras como con nuestras vidas. Pero cuando nos involucramos tanto en el mundo misionero que olvidamos el objetivo de la misión, nos abocamos a una pendiente resbaladiza. Llegamos a parecernos demasiado a las personas a las que intentamos alcanzar. Sinceramente, con el paso de los años, yo me he excedido muchas veces en este sentido; he participado de conversaciones impías, he bebido alcohol cuando podía haberme abstenido, he contado anécdotas que acentuaban mi pasado alocado en lugar de mi presente discreto. Como es lógico, queremos ser importantes para las personas a las que queremos alcanzar, para poder establecer relaciones con ellos. Pero Newton nos ayuda a entender que si nos aferramos demasiado a la lógica de la relevancia, podemos dar una imagen distorsionada de la prueba más significativa de Dios en nuestras vidas: nuestra peculiaridad. El mundo está lleno de personas que intentan ser relevantes. Lo que necesita son personas que estén dispuestas a ser peculiares. La marca distintiva de una obra auténtica de Dios en una persona combina una santidad discernible del carácter con un espíritu atractivo, lleno de gracia.

DE LAS TRAMPAS A LA LIBERTAD

Vivimos en un mundo lleno de trampas. Recordemos que la libertad que tenemos la compró la sangre preciosa de Jesús. Hemos sido redimidos de la esclavitud para servir a los intereses de nuestro Señor, y vivimos en este mundo para su gloria. Leamos una vez más las expresiones de Pedro:

> Mas vosotros sois linaje escogido, real sacerdocio, nación santa, pueblo adquirido por Dios, para que anunciéis las virtudes de aquel que os llamó de las tinieblas a su luz admirable; vosotros que en otro tiempo no erais pueblo, pero que ahora sois pueblo de Dios; que en otro tiempo no habíais alcanzado misericordia, pero ahora habéis alcanzado misericordia... [Vivan] como libres... como siervos de Dios (1 Pedro 2:9-10, 16).

Ahora que concluimos este libro, espero que hayas aumentado tu gratitud hacia nuestro gran Redentor, y que se haya estimulado tu visión de servirle, aun cuando te enfrentes a las trampas de tu vida. Hemos sido rescatados para Dios, redimidos para servir a nuestro Señor Jesucristo. ¡No hay mayor libertad que esta!

Nada retiene al descender
sino su amor y deidad.
Todo lo entrega: gloria, prez,
corona, trono, majestad.
Ver redimidos es su afán,
los tristes hijos de Adán.

Mi alma, atada en la prisión,
anhela redención y paz.
De pronto vierte sobre mí
la luz radiante de su faz.
Cayeron mis cadenas;
vi mi libertad, y te seguí.[4]

4. "Cómo en su sangre pudo haber", tercera y cuarta estrofa, de Charles Wesley, traducido y adaptado por Mariano San León, reproducido en línea, https://www.himnos-cristianos.com/himno/como-en-su-sangre-pudo-haber/.

EDITORIAL
PORTAVOZ

NUESTRA VISIÓN

Maximizar el efecto de recursos cristianos de calidad que transforman vidas.

NUESTRA MISIÓN

Desarrollar y distribuir productos de calidad —con integridad y excelencia—, desde una perspectiva bíblica y confiable, que animen a las personas a conocer y servir a Jesucristo.

NUESTROS VALORES

Nuestros valores se encuentran fundamentados en la Biblia, fuente de toda verdad para hoy y para siempre. Nosotros ponemos en práctica estas verdades bíblicas como fundamento para las decisiones, normas y productos de nuestra compañía.

Valoramos la excelencia y la calidad.
Valoramos la integridad y la confianza.
Valoramos el mérito y la dignidad de los individuos y las relaciones.
Valoramos el servicio.
Valoramos la administración de los recursos.

Para más información acerca de nuestra editorial y los productos que publicamos visite nuestra página en la red: www.portavoz.com.